KB246149

-도요타 방식의 응용과 실천서-

도요타식 "모랄 업"

-혁신 성공을 위한 실행력 극한 향상 전략

생기와 생동감 넘치는 직장 만들기
Well-Morale Up in Workplace

함께 1등의 목표와 실행의지 다지기

-도요타 방식의 응용과 실천서-

도요타식 "모랄 업"

혁신 성공을 위한 실행력 극한 향상 전략

글 | 정광열

새론북스

도요타식 "모랄 업"

지은이 정광열 펴낸이 박은서 펴낸곳 도서출판 **새론북스**

주소 (412-820) 경기도 고양시 덕양구 토당동 836-8 칠성빌딩 301호

전화 (031) 978-8767~8 팩스 (031) 978-8769

■ http://www.jubyunin.co.kr

■ myjubyunin@bcline.com

초판 1쇄 발행일 2005년 5월 13일

초판 2쇄 발행일 2005년 6월 4일

ⓒ 새론북스

ISBN 89-91605-03-6 (03320)

혁신을 이끄는 힘 "모랄 업"

세계적인 경쟁력을 가지고 규모가 아닌 이익으로 일찌감치 1등의 반열에 오른 도요타는 단순히 운이 좋아 좋은 실적을 올리는 것이 아니었다.

분명 뚜렷한 행동철학이 있었고 혁신의 방향이 명확하게 제시되어 있었다. 그리고 헌신적으로 실행을 하면서 도요타의 DNA를 이어가는 인재 육성의 방법을 보여주고 있었다.

도요타의 지속적 성장과 실적을 만드는 근본인 TOYOTA WAY의 구성요소로 '도전과 현지·현물주의, 가이젠, 그리고 인간성 존중과 팀워크'라고 도요타 조 후지오 사장은 소개한다. 바로 도요타의 모랄 업 훈련에서 추구하는 방향 그대로다.

"처음에는 많은 지식을 가르치는 교육이 중심이었습니다. 그런데 기대만큼 현장이 변화하지 않는 것을 알았지요. 조금은 효과가 있었지만 진정한 경쟁력을 갖는 인재로서 성과는 내지 못했던 것입니다,

이후 커다란 반성을 하고 교육방법에 철저하게 변화를 주었는데, 그것은 아는 것으로 끝나는 용기 없는 사람을 실행하는 훈련을 통해 인재로 만드는 일이었습니다. 바로 1등이라는 명확한 목표를 먼저 가지게 한 것이지요. 그리고 스스로 달성의 방법을 연구하여 발표하고 실행하도록 했습니다. 이때 처음으로 1등을 하기 위해 자신에게 무엇이 부족한지 깨닫게 되고 스스로 방법을 찾아가게 되는 것을 알게 되었습니다. 이제는 지식으로 끝나는 교육을 하는 것이 아니라 도전하는 열정과 자신감, 개선을 행동으로 옮기는 용기, 그리고 협력의 방법을 체득하도록 모랄 훈련을 먼저 제공하고 있습니다."

도요타 방식을 CANON, SONY, SANYO 등 일본의 대표 기업에 지도하여 성공하고 있는 PEC산업교육센터의 야마다 히토시 소장의 말이다.

필자는 15년 간 도요타 방식을 연구하고 실제 한국의 선도적 기업을 지도하는 과정에서 지침으로 삼고 있으며, 이미 1만 명이 넘는 기업 경영자, 관리자에게 모랄 훈련을 실행하면서 실감하고 있다. 모랄은 진정으로 자신이 변화하겠다고 스스로 마음을 먹게 하고 도전하는 기회를 부여하고 있음에 틀림없다.

직접 경험하지 않으면, 모랄 훈련이란 그저 목이 쉬고 힘이 들고 아무것도 남는 것 없는 요식행위일 것으로 착각하기 마련이다. 물론, 모랄의 진정한 의미를 이해하지 못하고 물리적인 구호 외침과 동작을 따라만 하는 경우나 강사가 제대로 이해하지 못한 상태로 가르치면 분명 역효과를 불러온다.

이제는 모랄 훈련이 진정으로 의도한 그대로 전파되길 바라는 마음에서 출판을 결심했다.

"혁신은 실행이다. 그리고 혁신은 성과를 낼 때 가치가 있다."

많이 알면 좋은 것으로 착각하는 경영자, 관리자 그리고 지식인들에게 이제는 실행으로 성과를 내고 실행 방법을 제시하는 것의 중요성을 일깨우는 계기가 되길 바란다.

업무에 필요한 지식과 직위에 상응하는 지식만으로는 경쟁력이 없다. 성과로 연결시키는 기능이 필요하고, 행동력이 중요한 시기가 되었다. 더더욱 '변화가 빠른 만큼 현장에 다가서서 변화에 대응하여 즉시 필요한 지식을 모으고 즉시 실행하는 행동력이 필요한 시기'를 맞이하고 있다.

아는 것으로 그치는 지식에서 탈피하고, 결과를 얻는 지식을 추구하는 혁신 인재를 만드는 '모랄 업' 훈련이 불황을 돌파하려는 한국 기업과 혁신을 준비하는 정부 기관에서 많이 활용되길 바란다.

끝으로 이 책을 내는 데 도움을 준 김홍민 사업부장과 황철성 부장 그리고 모랄 업 훈련 과정에서 열정을 보여준 모든 'TPS 혁신과정' 수료자 여러분에게 깊이 감사드린다. 특히 한국의 인재 육성의 새로운 방향으로 인정해주시고, 흔쾌히 출판에 응해주신 출판사 새론북스 박은서 사장님께도 깊은 감사를 드리는 바이다.

세계를 안고 있는 바다를 바라보며,
거제도에서 2005년 5월

01.

지금 일본은 모랄을 통해 재도약하고 있다 12

02.

경쟁력의 원천은 사원들의 높은 모랄 속에 있다 34

03.

도요타식 모랄 훈련은 실행력 강한 개선맨 만들기 46

04.

모랄 향상 훈련은 일을 하기 전의 기본 체조 60

05.

모랄 향상 훈련의 전개 방법 7STEP 68

06.

모랄 향상 훈련의 진정한 숨은 사상 일곱 가지 82

07.

모랄 높은 사원과 실행력 있는 조직 만들기 90

08.

힘찬 개선의 함성 – "혁신하겠습니다" 102

09.

TPS를 도입하는 일본 기업들의 모습 124

10.

우리는 지금 어디로 가는가? 172

개인 모랄 업 魂

단체 모랄 업 魂

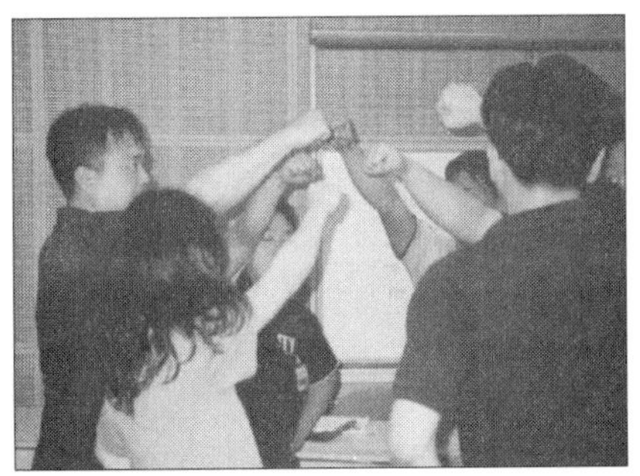

01

지금 일본은
모랄을 통해
재도약하고 있다

호황 국면 진입

호소다 히로유키 일본 관방장관은 일본 은행의 기업단
기경제관측(단칸)지수가 거품 경제 붕괴 이후 최고치를
기록한 것을 두고 '일본 경제가 드디어 호황 국면에 진
입했다'고 평가했다.

— 2004년 7월 2일 매일경제

2005년 5월 10일, 도요타는 이제 미국의 GM과 Ford를 완전히 이기고 이제는 서서히 기울어가는 GM과 Ford를 향해 기술 지원을 하겠다고 선언한다. 이것은 정말 대단한 변화이다. 분명하게 2004년 6월 이후부터 일본 열도는 14년 간의 불황의 늪에서 탈출하여 온국민이 이제는 하면 된다는 큰 자부심과 열정으로 끓어오르고 있다.

오사카, 나고야, 교토, 동경 모두 활기와 생기가 넘치는 도시로 바뀌고 있다. 걸음걸이는 힘이 있고, 목소리는 자신감이 넘치며 직장마다 제1의 목표를 향한 발걸음이 힘차게 약동하고 있다.

과연 그들은 무엇 때문에 그처럼 강하게 바뀌고 있는 것일까? 또, 어려운 환경, 즉 자원도 없는 나라에서 제조업에 다시 승부를 걸면서 Made in Japan의 신화를 다시 만들어낼 수 있는 원동력은 무엇일까?

그들에게는 바로 제조업의 강국답게 경쟁력 있는 신기술개발과 독특한 생산방식의 원천이 있었다. 강력하게 하나의 구심점으로 이끌고 있는 앞선 기업이 있고 철저한 낭비 제거 방법과 이를 뒷받침하는 사상이 있었다. 그것은 현장에서 철저한 낭비 제거와 즉실천의 행동력을 만드는 가이드가 되고 있다.

그들은 이제 비용을 들여 빠르고 성능 좋은 비싼 설비를 새로 구입해 생산성을 높이는 일은 절대 하지 않는다. 그대신 무한 자원인 지혜를 쓰고 있다. 그들은 최소한의 비용으로 지혜를 써서 가치를 증대시키는 CIP(Continuous Improvement Project), 즉 지속적 가이젠 활동에 전 직원이 함께 참여하여 실천하고 있으며, 이러한 하나하나의 개선안들이 실패와 성공을 반복하면서 세계 최고 경쟁력의 토대를 마련하고 있다.

오늘날 일본 제조업이 세계 제일이 되는 견인차가 바로 여기에 있다. 일본을 벤치마킹하는 관점에서 보면, TPS(도요타 생산방식)는 도요타(TOYOTA) 자동차만의 것이 아니다. TPS는 일본 표준으로서 제조업뿐만 아니라 공무원, 건설부문, 우체국, 전자회사, 목공회사, 과자회사 등 일본 사회 전반적으로 크게 확산되어 혁신실행의 방법을 제공하는 바이블이 되었다. 이를 통해 현재 일본의 생산성은 세계 최고를 자랑하며 고품질, 저 Cost, 초단납기, 다품종 소량생산 체제를 만들고 있다. 그 결과 불황과 저성장시기에 맞는, 고객 중심으로의 변화와 낭비를 줄이는 이익 중심의 현장경영 문화가 정착되어가고 있는 것이다.

여러 가지 경쟁력의 원천이 있겠지만 일본은 '제조업에서만큼은 세계 제일을 만들겠다는 철저한 개선의 혼'이 뿌리를 내리고 있고 이러한 사고가 산업 전 분야의 중심에 있다.

또한, 국외로 이전했던 다수의 일본 기업들이 제조업의 원가 경쟁력이 높아짐에 따라 국내로 돌아오고 있는 것이 현실이다. 이것은 아주 바람직한 현상으로, 내부적으로 고용 창출이 다시 일어나고 있고 원가 측면에서도 중국이나 한국과 경쟁할 수 있다는 의식이 자리를 잡았다는 의미로 해석된다. 14년이 넘는 불황을 이겨내면서 지혜를 짜내는 노력이 체질화되어 경쟁력을 제대로 갖추게 된 것이다.

이것은 무분별한 해외 이전으로 말미암은 일본 내수 경기의 장기침체와 그로 인해 야기된 과거의 각종 사회문제를 철저하게 반성하는 가운데 시작되었다. 이제는 제조업종뿐만 아니라 일본 산업 전체가 하나가 되어 뛰고 있다.

빠르게 산업 공동화로 치닫는 한국의 현실과는 정반대이다. 한국은 지금도 중국이나 동남아시아로 공장을 이전하는 기업들이 꾸준히 늘어나고 있다. 그 결과, 정부가 일자리 창출에 노력을 쏟고 있지만 오히려 일자리는 줄어들고 있는 것이 현실이다.

일본 업체는 대부분 철저한 낭비 제거 활동과 차별화된 기술력으로 원가 경쟁력을 높이고 있다. 또한, 많은 기업들이 불황을 겪으면서 설비 내제화(內製化)를 통해 고정비를 줄이는 노력과 고유기술 축적, 그리고 자기들에게 맞는 값싼 전용설비 제작(가라쿠리)으로 자체 기술을 확보해나가고 있다. 그 결과 산업공동화는 사라지고 있다.

한 예로, 일본의 기후현에 있는 NBK(Nabeya Bi-tech Kaisha)라는 회사는 설계도면 없이도 설비를 만들고 있다. 설계자가 도면을 그리고 현장에서 도면에 의거하여 설비를 만들던 기존의 방법으로는 경쟁력이 없기 때문이다. 실제 실험에서도 설계도면을 갖춘 경우가 기간이 더 걸렸다고 한다. 또한 현장을 잘 이해하지 못하고 설계한 도면이 현장에서 오히려 많은 문제를 야기하기도 했다. NBK는 다른 기업 모두가 하는 그대로의 방법으로는 경쟁에서 이길 수 없다는 신념으로 기존의 개념을 뛰어넘은 것이다. 그들은 동종 업계에서 설비를 만들어달라고 해도 팔지 않는다. 법적으로 설계도면 없는 설비는 팔 수가 없기 때문이다. 그리고, 공장과 기술을 다 보여주어도 머리와 손에 묻어 있는 기술이기에 다른 이들은 절대 따라올 수 없다는 큰 자부심을 가지고 있다.

그들은 스스로에 대해 '우리는 설비 전문기업은 아니지만 이익을 내기 위한 방법으로 고정비를 철저하게 줄일 수 있는 자체 설비 제작 능력을 중시하고 있다'고 소개한다. 그들은 진정 재미를 느끼면서 일을 하고 있다.

"외부에서 구입하면 1억 원인데 사내에서 만들면 1천만 원이면 충분합니다."

설비 내제화에 대한 그들의 자부심은 매우 강하다.

"내가 이렇게 기술을 배우고 또 돈도 버는데 이직은 전혀 생각하지 않습니다."

"일이 재미있습니다."

확고한 신념과 환한 얼굴, 그것은 특정 Process(과정)를 수행하는 Method(방법)가 아니라 기업역사 450년이 넘는 오랜 세월 동안 형성된 자신들만의 철학에서 나오고 있었다. 경쟁력의 원천이 되는 행동철학을 타회사가 단시일 내에 간단히 체득·모방할 수 없다는 강한 믿음에서 나오는 자신감이기도 했다. 그들의 판단이 올바르다는 것은 기업의 긴 역사가 증명하고 있고, 경쟁사의 아이템이 좋은 사업인 줄 알고 뛰어들었다가 투자비 회수가 안 되어 대부분 망하는 데에서도 검증된다.

그러면 우리의 당면 과제는 무엇인가?

어떻게 살아갈 것인가?

자원이 없고 제조업에 승부를 걸어야 하는 것은 일본과 다름없는 현실이다. 이러한 관점에서 보면 제조업이 생존하기 위해서는 인적·물적 자원의 효율성을 극대화시켜야 하는데 일본보다 더 물적 자원이 부족한 우리 현실에서는, 특히 업무 중의 철저한 낭비 제거 활동이 생존성공의 중요한 열쇠가 될 것이다.

이미 도요타가 해답을 주었듯, 탁상공론에 그치지 말고 3현(현장, 현물, 현실)주의에 입각하여 현장에서 현물을 보고 현상을 똑바로 파악해야 한다. 또한 개선을 실천해야 한다.

기업의 현장을 지도하면서 느낀 점은, 아직도 진실을 정확히 알려고 하는 노력과 일 속에 혼을 심어가며 책임감 있게 일한다고 하기에는 무언가 부족한 면이 있지 않나 하는 것이다.

무엇이 우리를 이 현실에서 달아나게 하고 색안경을 씌워 문제를 정확히 볼 수 없게 하는 것일까? 이제는 초심으로 돌아가 마음가짐을 고치고 실천을 준비해야 한다. 바로 우리의 현장에서 이러한 실행력과 자신감을 높이는 노력이 필요하다.

오늘도 분발하자!
해보자! 해보자! 해보자!
해보고 생각하자!

이 구호는 모랄을 높이는 행동 강령으로, 도요타 방식을 전파하는 일본 PEC산업교육센터에서 모랄 훈련을 할 때 극한에 도전하는 마음을 표현하며 목청껏 외치는 모랄의 혼불이다.

우리의 현장에서도 세계적인 1등과 극한의 목표를 향해 목청껏 외치고 함께 단결하여 한마음으로 실행하지 않는 한 밝은 미래는 없을 것이다.

　그런 측면에서 함께 도전해야 하는 목표를 확고히 하고 모랄에서 추구하는 정신을 새롭게 우리 것으로 만들어 '반드시 실천하는 의식 개혁'의 일환으로 전개되어야 한다.

　도요타의 실행력을 높이는 혁신 활동으로 전개되는, 자주연구회를 본뜬 PEC의 야마다 히토시(山田日登志) 소장의 지도방식 아래 진행된 NEC TOKIN에서의 '즉실천 자주연'은 강력한 효과를 가져왔다. 거기에 참가한 사원들의 모랄은 가히 세계 제일이라 해도 과언이 아니었다.

연수에 참여한 동료들 또한 '소름이 다 끼친다'고 말할 정도의 그 큰 목소리와 민첩한 행동, 그리고 달성하겠다고 확고히 선언한 도전 목표는 한국의 근로자들이 반드시 넘어야 할 산임을 느꼈다.

지혜를 낸다는 것

돈을 쓰지 마라

지혜를 내라

지혜가 나오지 않으면 땀을 흘려라

일본 유명 서점들의 신간과 경영서적 코너에서는 '도요타'와 관련된 책들이 베스트셀러가 되고 있다. 『일본 부활의 구세주 도요타 생산방식』, 『도요타 최강경영』, 『도요타 웨이』, 『도요타 인간력』, 『낭비 제거』, 『개선혼』 등……. 도요타 관련 서적이 워낙 많이 쏟아지다보니 아예 별도 코너를 만들어 손님을 맞고 있는 실정이다.

책을 보는 계층도 기업에서 혁신을 주도하는 사람, 대학생들, 가정주부, 공무원 등 외국인과 내국인을 불문하고 또한 직업과 나이를 넘어 도요타 신드롬을 만들어나가고 있다.

3~4년 전에 비해, 그 시각과 접근 방식에서 도요타의 방식 및 사상의 깊이와 넓이가 크게 확장되었음을 알 수 있다. 이제는 자동차회사는 기본이고 제과회사, 목공회사, 전자회사, 반

도체, LCD기업 등 거의 모든 제조업종 기업에 파고들어가 혁신의 방향타 역할을 톡톡히 하고 있다.

도요타 방식과 사상을 배우기 위해 4학년 때부터는 실제로 기업에 들어가 현지 체험을 하는 일본 대학생들도 점점 늘어나고 있다. 일본 열도는 그야말로 도요타 방식과 사상을 배워 생산성을 올리고, 불황과 낭비에서 빨리 탈출하고자 하는 것이다.

야마다 히토시 소장의 지도 활동을 소개하면서 일본 불황을 탈출하는 방향을 제시한 방송 프로그램이 있었다. 한국의 <KBS 일요스페셜>과 비슷한 형식의 <NHK SPECIAL>이 그것이다.

산요(SANYO) 전기에 대한 재건을 다룬 이 다큐멘터리의 '상식의 벽을 깨라'라는 컨설팅 사례는 NHK 방송 사상 처음으로 5회 이상의 앙코르 방송을 하는 기록을 세웠다. 이 방송은 불황을 탈출하기 위해 '제조업은 이렇게 하라'는 메시지를 전해 주고 있었다. 고도성장을 이끌어온 대량생산의 총아인 컨베이어를 쓰나미가 지나가듯 뜯어내는 장면은 가히 충격이라 할 수 있었다. 또한, 이러한 즉실천 활동과 작업자의 다능화 훈련을 통한 MASTER 육성으로 생산성을 높이고, 외국으로 이전되었던 공장도 다시 일본으로 돌아오게 하는, 그야말로 기업의 일대 혁신에 대한 이야기였다.

기업의 재건사로 불리는 야마다 소장이 개선에 전력투구하는 모습과 공장의 해외 이전에 따라 직장을 잃을 두려움에 떠

혁신 도전 성과 발표

인사 훈련 과정–혁신은 인사가 우선이다

는 종업원의 모습을 배경 삼아 이루어진 이 방송에서, 결국 그
들이 변화를 받아들여 성장의 길목에 들어서는 과정이 고스란
히 재현되었다.

결론적으로, 불황의 시기인 요즘에는 불황에 맞는 새로운 사
고방식과 제조 방식이 필요하다. 사람의 능력을 최대한 발휘하
고 철저한 고객 중심으로의 전환을 추구하는 것이 중요해졌다.
고객이 찾는 물건을 만드는 다품종 한량생산 체계가 있어야 살
아남을 수 있다.

내가 도전할 목표 선언이 먼저다

이 실화는 하나의 예에 불과하지만 일본의 많은 제조업체에
표준화된 TPS사상과 생산방식을 폭넓게 추진시켜 그 효과를
톡톡히 보았다. 그리고 이를 추진하는 원동력은 직원들의 도전
하는 용기와 모랄에 있다고 해도 과언이 아니다.

도요타 방식을 성공시키는 사고

'성공을 거두는 사람들은 깨닫거나 알고 있는 바를 직접 행동으로 옮기고, 실패하는 사람들은 말만 하고 그친다'는 말이 있다. 도요타 방식은 성공하는 길을 택하고 있었다. 일단 좋은 방안이 떠오르면 60%의 가능성만으로도 알고 있는 것을 먼저 실행해보는 '즉실천'을 현장에서 가르친다.

그래서 모랄 훈련 시 '해보자 해보자 해보자' 또는 '해보고 생각하자' 등과 같이 실행을 중요하게 생각하는 도요타의 DNA를 이식하고 있다.

이런 관점에서 보면 모랄 훈련은 제조업에서 일을 하기 위한 기본적인 심근(心根), 즉 마음가짐이며 즉실천의 정신 무장과 기본 체조로 볼 수 있다. 이를 통해 현장에서 활기차게 일할 수 있고 개선할 수 있는 용기가 생기는 것이다.

여기서 해보고 생각하자는 것은 아무 계획 없이 무작정 해보는 것을 의미하는 것이 아니다. 도요타는 지식으로 끝나지 않고 실행을 위한 철저한 준비를 하는 것으로도 유명하다. 그러면 왜 해보고 생각하자는 것일까?

상사나 최고 경영자가 확신을 가지고 철저히 준비했지만 반대하는 고정관념이 가득한 사람은 다시 검토하자고 한다. 지식으로 무장되어 있다한들 언제까지나 검토만 하면서 생각에 빠져 있는 바람에 실행이 늦으면 앞서가는 경쟁자를 이길 수가 없다. 따라서 먼저 해보자는 것이다. 실행하면서 문제를 잡아나가도 늦지 않기 때문이다. 이것이 바로 현장주의 발상이다. 피터 드러커는 '알고 있는 단계에 머무는 지식은 이제 목적이 아니라 어떤 결과를 얻기 위한 수단'이라 정의하고 있다. 알고 있다는 것은 정보일 뿐 가치가 없다는 의미다.

현재 일본의 대중매체나 이코노미스트 같은 경제 전문지에서도 계속 연재되고 있고, 또 2008년에는 세계 1위의 자동차 기업으로 도약을 장담하고 있기에 실행을 중시하는 도요타 방식의 열풍은 당분간 쉽게 식지 않을 전망이다.

그것은 일본이 잃어버린 불황의 10년을 되찾는 길을 도요타가 보여주었기 때문이며 넓은 안목에서 보면 일본 열도를 다시 부활시켜주는 견인차 역할을 하기 때문이다.

'호황일 때 불황을 준비하라'는 메시지를 던지는 도요타는 불황일 때 그 진가를 보여주고 있어 역시 실천집단임을 증명하고 있다.

1991년 이후 버블이 붕괴되기 시작한 일본은 14년 간의 장기 불황에 빠져 있었다. 그런데 증권회사, 자동차회사, 그 외 제조업 등 일본 내 유명 간판 기업들이 줄줄이 외국 자본의 손에 넘어가고 1천조 엔의 자산이 연기처럼 사라지는 상황에서 도요타만은 고속 성장을 지속했다. 연평균 7~8%의 성장을 보이며 1998년에는 매출이 10조 엔의 벽을 넘어섰고 2003년에는 무려 16조 엔의 매출을 올렸다. 경상이익도 2001년 1조 엔, 2002년 1조4천억 엔, 2003년 1조6천억 엔으로 급증했다. 2003년 순이익 증가율은 무려 53.4%, 자동차시장 점유율에서도 세계 2위인 미국의 포드를 추월해버렸다. 이제는 제1위인 제너

럴모터스(GM)도 사정권 안에 놓고 있다. 그래서 도요타 배우기 열풍이 지속되고 있는 것이다.

　도요타 방식은 즉실천의 개선(改善, 가이젠KAIZEN)에서 시작된다. 가이젠은 어려운 불황의 시기를 이기는 데 큰 역할을 해왔다. 무한자원인 지혜를 쓰는 훈련을 할 수 있는 계기가 되었고 그 성과도 많은 기업에서 검증되고 있다.

개선은 TPS 창시자인 오노 다이이치(大野耐一)의 '개선혼(改善魂) 사상'에서 출발했다. 도요타에서는 무엇이든 바꾸고 현재의 상태는 언제나 개선할 여지가 있다는 전제 아래, 우선 반으로 줄이는 목표가 기본이다.

일을 반만 하라는 얘기가 아니다. 원가도 반, 재고도 반, 불량률도 반으로 줄일 수 있다는 의미다. 그것도 지혜를 써서 말이다. 원가를 올리는 모든 것을 줄이기 위해 끊임없이 개선 활동을 하는 것이다.

도요타는 특히 '즉실천적 행동'을 강조한다. 가능하다고 생각하고 일단 개선을 추진하라는 것인데, 확실한 1등을 목표로 추구하기 때문에 적당히 할 수는 없다.

오노 다이이치가 제시하는 도요타 정신인 '개선혼'은 알려면 제대로 알고, 아는 것은 즉실천하여 결과를 얻어내고, 개선한 것은 시스템화하여 절대 원위치되지 않도록 유지하는 정신이다. 또한, 문제를 정확히 파악하기 위해서는 상황 파악이 정확해야만 올바른 해법을 찾을 수 있다. 그래야만 시행착오를 줄일 수 있기 때문이다.

오노 다이이치는 현장에서 사원들에게 '왜(why)를 다섯 번 되풀이하고 실현방법(how)을 찾을 것'을 끊임없이 교육시켰다. 또한 3현 2원주의(원리, 원칙)는 문제의 해법을 위해 필요한 마음가짐이기에 항상 강조했다.

개선에는 끝이 없다. 지금 하는 일을 가장 낮은 수준이라고 생각하라. 그러면 문제는 또 보일 것이고 개선은 또 시작이 가능하다. 그러기에 '개선은 끝없이 도전하고, 무한자원인 지혜를 짜내는 도요타의 행동철학'이다.

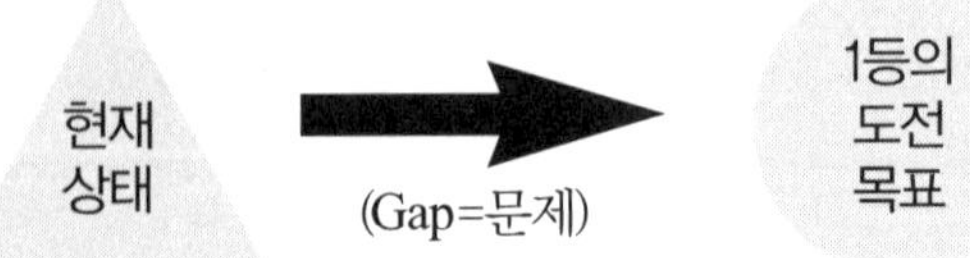

도요타 쇼이치로 명예회장은 '도요타 생산방식의 개선에는 종착역이 없다'고 말했다. 도요타의 높은 생산성과 경쟁력은 바로 여기에서 나온다고 해도 과언이 아니다. 그는 언제나 변화를 앞당기고 선도하길 원했다. 개선의 원동력은 도요타가 제시하는 그대로, 개선을 멈추지 않고 1등의 목표를 향해 지속적으로 실행하고자 하는 마음, 그리고 도전적인 정신을 갖는 데 있다. 이것을 가능하게 하는 것이 바로 '모랄 업'이다.

매년 '기본으로 돌아가자'를 외치며 기본의 중요성을 직접 실천하며 보여주는 도요타에서 제조업의 산실다운 힘찬 움직임을 다시 한 번 느낄 수 있었다.

정성 들여 만든 차 한 잔을 통해 삶과 자연을 음미하게 한다. 차를 마시는 것이 아니라 자연의 기를 마시는 것이다.

02

경쟁력의 원천은
사원들의
높은 모랄 속에 있다

心根, 마음의 뿌리

활기(活氣)와 생기(生氣)를 만들어내는 것은 마음가짐
을 활동성 있게 만드는 것에 직결된다. 즉, 활동성은 변
화를 시작한다는 행동의 시작이다.
개인이든 조직이든 도전 목표를 가지고 달성하려는 마
음으로 변화되어 있을 때, 비로소 진정한 개선 활동은
시작된다.

활기와 성취감 있는 직장 만들기

우리는 일을 통해 기업의 성장에 기여함은 물론 개인의 성장과 성취감을 얻고, 정당한 평가와 보상을 받는다. 또한 이를 유지하고 지속적으로 상향 평준화를 이루기 위해 개인이나 조직에 기운을 높이는 활동이 필요하다.

'오늘도 걷는다마는 정처 없는 이 발길'이라는 노래 가사가 있다. 이 가사처럼 직장을 그저 시간을 때우고 경제적인 것을 해결해주는 곳으로만 여겨서는 곤란하다. 그러한 마음으로 만들어지는 제품과 서비스는 고객에게 아무런 감동도 줄 수 없다. 곧, 고객의 선택에서 외면당하게 되고 시장에서의 퇴출로 인해 개인과 조직 모두에게 큰 상처를 남길 것이다.

그래서 사람들이 어울려 일하는 직장에서는 개인이든 조직이든 항상 힘찬 기운이 감돌고 적당한 긴장감을 유지하는 가운데 일에 재미를 느끼게 하는 분위기가 필요하다.

여기서 우리는 무엇이 일에 재미를 느끼게 하는가에 대해 생각해보지 않을 수 없다.

첫째, 일 속에 개인의 성장을 가미한다.

개인의 성장은 조직 속에서 사고방식을 발전시키고 지식을 함양하는 가운데 이루어진다. 현장의 사원들에게 일을 통해서 '바로 이 맛'을 느끼게 해주면 큰 변화와 혁신을 주도하는 인재를 얻어낼 수 있다.

2005년 3월, 조 후지오 사장은 한국 초청강연회에서 도요타 웨이에 대해 설명하면서 도요타 경영의 핵심을 '작업자부터 경영자까지 모든 직원을 인재로 키워내는 문화와 끝없는 개선 정신'으로 정의했다.

둘째, 성취감이다.

사원이 '내가 할일은 정해져 있으니 시키는 일만 하자'라든가 '누군가 하겠지. 괜히 내가 나서서 할 필요는 없잖아'라는 안일한 생각을 가지고 있다면 큰일이다. 변화 없이, 그저 주어진 반복적인 단순 업무만 실행한다면 그것은 종이나 다름없다. 일 속에서 '무언가를 해냈다'는 성취감을 느끼도록 목표를 공유하고, 그 목표에 도달했을 때 성취감을 느끼도록 해줄 때, 비로소 사원은 주인의식을 느낀다. 작든 크든 스스로 주변의 문제를 해결하면서 '내가 이루어냈다'는 성취감을 맛보는 것은 커다란 자극이 되고 성장에 도움이 된다.

개인은 거대 조직의 주어진 업무를 담당하는 하나의 부속품이 아니라 조직을 개선하고 움직이는, 자부심을 가진 존재여야 한다. 따라서 '나는 조직에 도움을 줄 수 있는 존재'라는 적극적인 의식을 갖도록 분위기를 조성할 필요가 있다.

셋째, 정당한 평가와 보상이 있어야 한다.

이 부분이 조직 운영에서 가장 어려운 부분이라고 할 수 있다. 개인의 성장과 목표 달성만으로는 지속적인 노력을 이끌어내는 데 한계가 있다. 크게 성과를 이룬 사람에게 격려를 해주는 방법은 물질적인 보상과 정신적인 보상 두 가지로 나눌 수 있다. 물질적인 보상은 '한 만큼 받는' 체계를 만들어주는 것이고, 정신적인 보상은 인정받는 분위기를 조성해주는 것이다.

상사의 아낌없는 격려와 칭찬, 표창, 그리고 자부심을 느끼게끔 모두가 알 수 있도록 게시하는 등 조직에서 관심을 갖고 있음을 보여주는 것은 아주 효과적인 방법이기도 하다.

이처럼 사원들이 높은 의식을 가질 수 있도록 환경을 만드는 것은 매우 중요하며 사원 스스로 이를 매일 실천할 수 있는 지원 프로그램이 있어야 한다. 사원 모두가 자신이 해야 할 과제를 알고 있다고 해서 저절로 행동이 나오는 것은 아니다. 성과를 높이고 이익을 만들기 위해서는 부단한 노력과 연구가 필요하다. 훈련을 통해 자신의 몸을 습관화시켜야 하며, 이것을 스스로 깨닫게 해야 한다. 이것이 인재 육성의 핵심이다.

도요타에서는 조직관리를 통해 사장부터 말단사원까지 전 부문이 이러한 마음가짐에 대해 아주 심도 있는 훈련을 실천하고 있다. 이것이 도요타의 경쟁력의 매우 중요한 포인트이다.

도요타 방식을 도입한 일본 기업 어디를 가나 사장을 비롯한 전 사원을 하나로 연결해주는 목표가 있고, 포기하지 않는 정신을 갖도록 모랄 훈련이 되어 있으며, 서로가 활기를 부여해주면서 일을 하고 있었다.

그렇다면 활기란 무엇일까? 활기란, 활동하는 원기, 활발한 기개나 기운을 말한다. 또한, 생기는, 생동하는 싱싱하고 힘찬 기운이라고 할 수 있다.

개인이든 조직이든 계획적으로 힘찬 기운들이 함께하도록 지원하는 프로그램이 필요하다. 그래서인지 도요타는 힘찬 목소리와 민첩한 행동을 먼저 가르친다. 또한 일부가 아닌 전 사원, 그리고 최고경영자도 참여한다. 이것은 조직을 하나의 목표라는 구심점으로 결집시켜 전 사원이 함께 갈 수 있도록 해 준다.

그들은 업무 시작 전에 전 사원이 모랄 업을 위해 함께 힘찬 목소리를 낸다. 혼신의 힘을 다해 외치는 모랄 업 구호는 단순한 사전 행사가 아닌, 오늘도 나의 위치에서 세계 최고가 되겠다는 자신과의 약속이며 다짐이 되고 있다.

이러한 모랄 훈련 내용은 너무도 쉽고 단순하여 누구나 할 수 있다. 문제는 지속성과 혼이 담긴 열정이다. 이런 의미에서 '성공자는 몸을 바치고 실패자는 혀를 바친다'는 말은 음미해 볼 만하다. 진검(眞劍)승부하듯이 함께 도전하는 의욕을 가지고 마음을 가다듬으며 외칠 때 성과가 나온다.

50년 이상을 도요타 방식 하나로 일관한 도요타는 참으로 존경할 만하다. 진정으로 서로 믿고 한결같이 1등의 목표를 향해 꾸준히 걸어온 것이다.

모랄은 어느 한날만 열심히 한다고 성과로 연결되는 것이 아니다. 꾸준히 실행하는 끈기가 핵심이다. 실제 경험을 통해 체득(體得)하고 실행하는 것을 항상 반복하는 것이 중요하다. 현장으로 달려가 몸으로 부딪치는 용기를 만드는 것, 바로 그것이 모랄이 주는 가치이다.

또한, 혼자서 하는 것보다 여럿이 함께하는 것이 필요하다. 혼자서 목청껏 외치기보다는 여럿이 호흡을 맞추어 하나의 목표를 향해 '해보자, 해보자, 해보자'라고 외치는 것이야말로 일에 임하는 자세를 숭고하게 하고 개선에 임하는 마음가짐을 높여준다.

일의 모든 과정이 쉽게 해결되고 풀리는 것은 아니다. 그러기에 마음가짐을 단단히 하지 않으면 중도에 포기하고 회피하게 될 것이다. 실패를 무릅쓰고 공격적으로 도전하기 위해서는 이러한 모랄 훈련을 통해 공동체라는 의식을 심고, 한 목표를 향해 달려간다는 것을 느끼게 해주어야 한다.

이러한 모랄 훈련에는 전원 참여라는 원칙이 숨어 있어서, 전원이 도태되지 않고 함께 가고자 하는 상향 평준화의 철학도 들어 있다. 한 명의 실수로 조직이 하향 평준화되는 것을 방지하기 위한 것이고 또한 이를 개인이 인식함으로써 남에게 피해를 준다거나 자기 자신으로 하여금 조직이 하향화될 위기를 막아준다. 개인이든 조직이든 누구나 상향 평준화 기여에 노력하지 않으면 안 되도록 시스템이 갖춰져 있는 것이다.

모랄 훈련은 아주 간단한 동작으로 구성되어 있지만 중요한 사상이 숨어 있다. 혼자서는 혁신할 수 없다. 많은 사람들의 통합된 에너지와 아이디어, 행동력을 요구한다. 따라서 모랄 훈련은 지극히 중요하며 개선을 실행하기 전에 사기를 높이는 활동의 일환으로 먼저 실시하는 것이다.

도요타 방식을 지탱하는 요소 중 가장 중요하고 기본적인 것이 Mind를 만드는 모랄 훈련이다. 그래서 오노 다이이치가 지원해준 일본의 PEC산업교육센터에서는 하루 동안 모랄 훈련을 하면서 기본 자세를 가르치고 있었다. 그것도 철저하게 체득되도록 말이다.

이 책은 도요타 방식의 활용 이전에 가장 기본적인 모랄 훈련을 표준화하고 모든 현장에 긴장감 넘치는 활기와 생기가 가득하도록 하는 모랄 훈련의 개념과 표준 전개 프로그램을 제시하고자 한다.

TPS를 도입한 기업들이 경쟁력을 가지는 이유는 모랄 훈련을 체질화하고 습관화될 때까지 Top이 솔선하고 전 사원이 참여하는 데 있다. 즉, 경영진이 첫째로 강력하게 이끌고 있는 것이다. 우리가 아무리 모랄 훈련을 받더라도 효과는 교육받은 후 1주일, 1개월이나 지속될까말까다. 그것은 서로 관심이 없고 혁신의 필요성을 느끼지 않기 때문이다. 경영진 중에도 이를 진정 스스로 실행하고자 하는 마인드가 부족한 경우가 많다. 모두가 바쁜 탓으로 돌리면 당장은 편하다. 그러나 아무것도 도전하지 않고 하루하루 일어나는 일에만 급급해서는 빠른 변화 속에서 지속적인 생존이 보장되지 않음을 자각해야 한다.

사원들은 상사 및 경영진의 등을 보고 성숙한다. 상사가 실천 않고 경영진이 관심이 없는데 사원들 스스로 동기부여가 되어 실행한다는 것은 거의 불가능하다.

도요타 및 도요타 방식을 도입한 많은 기업들의 경쟁력의 원천은 바로 Top의 리더십과 함께 모랄 훈련을 통해 조직을 빠르게 변화시켜 상향 평준화시키는 노력 속에서 나온다. 그래서 모랄 훈련은 자기 확신과 개선 의욕을 불러일으키는 중요한 '동기부여 활동'으로 위치가 정해져 있다. 연수 과정 속에서 무엇보다 먼저 자신감이 넘치는 큰 목소리와 민첩한 행동을 요구하며, 반복하여 훈련시키는 것은 이러한 이유 때문이다.

이러한 모랄 업 활동을 통해 비로소 기업문화가 상향 평준화되고 변화의 선상에 서게 된다.

'당신은 당신의 능력을 운영할 수 있는 이 세상 유일한 사람'이라고 말한 혁신전문가 지그 지글러의 말을, 변화를 주도하는 사람들이 음미해두면 스스로 변화를 받아들이는 데 도움이 될 것이다.

-One Point Lesson-

모랄 훈련 Rule-강한 체질 만들기

혼신의 힘을 다하라(큰 목소리와 민첩한 행동)

열정을 심어라(1등의 목표를 향해)

내가 주도하여 전원이 상향 평준화되도록 노력하라

03

도요타식 모랄 훈련은
실행력 강한
개선맨 만들기

혼신(渾身)의 힘

열심히 하면 지혜가 나오고

대충대충 하면 입이 나오고

하기 싫으면 변명이 나온다.

– 도요타 계열기업 현장에서

모랄을 통해 조직을 상향 평준화시킨다

도요타에서는 교육과 훈련을 다음과 같이 구분하고 있다. 교육은 모르는 지식을 알 수 있도록 가르쳐주는 것이고, 훈련은 아는 것을 반복하여 습관화하고 체질화해서 성과를 내는 능력인 기능(Skill)을 향상시키는 것이라고 정의한다.

모랄은 훈련을 통해 만든다. 현장에서 개선 활동에 임하기 전에 활기 있고 자신감 넘치는 태도를 일상 생활의 한 부분으로 만들기 위해 반복을 한다.

도요타식 모랄 훈련은 그래서 중요하며, 개인과 조직을 상향 평준화시키는 역할을 하고 있다. 또한 전원이 참가하는 풍토를 만들고 있다. 일부의 참가만으로는 조직의 목표를 달성할 수 없으며, 비참가자들은 변화 저항 세력으로 작용하여 개선의 효과 창출보다는 조직을 와해시키는 병폐로 더욱 크게 작용하기 때문이다. 따라서 도요타에서는 모든 직원들의 참여를 강조하고 있다.

한 예로 도요타 방식을 도입한 NEC TOKIN의 My Shop을 운영하는 점원들을 보면 가히 그 모랄의 기세가 '세계 제일'이라 해도 과언이 아니다.

약 35세가량의 여성 근로자로부터 나오는 모랄의 파워, 즉 목청껏 외치는 소리와 행동을 보면 놀라지 않을 수 없었다. 단지 '기오츠케(차려), 레이(경례)'의 두 마디만으로도 거의 혼신의 힘을 다해 몸을 떨 정도로 자신감 넘치는 목소리와 민첩한 행동을 볼 수 있으며, 습관화되어 있음을 확인할 수 있었다. 역시 그녀의 일터의 도전 목표는 세계 1등이며 명확한 실행 방침이 게시되어 있었다.

일본인들에게 모랄 훈련은 진검승부의 출발점이며, 전쟁터로 나가는 군사들의 출정식과 같은 비장한 의미를 갖는다. 그래서 모랄 향상 훈련은 모든 일에서 가장 중요한 기본 다지기 활동이며 그러기에 철저히 하고 있는 것이다.

첫째로, 개선(일)에 임하기 전에 하는 국민체조와 같은 기본 사항으로 인식한다. 둘째, 모랄 훈련은 하고자 하는 의지를 만들고 개선 의욕을 불러일으킨다. 셋째, 모랄 훈련은 자기 자신과의 싸움으로 실패를 극복하며 1등의 목표를 달성하기 위한 극한의 도전 정신을 함양해준다. 넷째, 함께 일하는 모든 사원들의 참가를 통해 한 방향으로 갈 수 있는 견인차 역할을 한다.

도요타식 모랄 향상 훈련은 일에 임하는 마음가짐을 변화시키고 일에 대한 열정과 의욕을 불러일으킨다. 또한 훈련 참여자들이 함께 호흡하며 자기 확신을 얻고, 팀워크를 다지고, 불타는 개선 의욕을 불러일으키는 데 효과가 있다. CANON과 SONY에서 도입에 성공한 '1인 포장마차'나 'My Shop 활동'도 모랄 훈련 이후 철저하게 사원 스스로 동기부여가 되어 가능했다.

모랄 향상 훈련의 3원칙과 목표

모랄 향상 훈련의 3원칙과 목표

- 1등의 극한 도전 목표 ──── 모랄【士氣】
- 자신감 있는 목소리
- 민첩한 동작과 즉실천 문화 ┐─ 훈련【本氣】

行

결과 : 心根(마음가짐) Morale Up ↑

첫째, 모랄을 통해 1등의 목표에 도전하게 한다.

목표는 원대하고 크게 가져라. 그것이 도요타가 일본인들에게 주는 메시지다. 이때, 목표는 수치화되고 정형화되어야 하며 측정 가능하여야 한다. 그리고 목표에 대한 도전은 실현 가능한 1차 목표값과 기대치를 더한 의욕치를 가지고 있어야 한다.

도요타는 원가든, 품질이든, 준비교체든, 무엇이든 1등을 추구한다. 그래서 항상 그들의 글자 앞에는 초(超)라는 글자가 붙는다. 목표는 끝이 없다. 오직 1등을 향한 극한 목표에 도전하고 또 도전하는 것뿐이다. 그것만이 생존력과 경쟁력을 살리는 길이기 때문이다.

도요타는 목표가 있는 사람에게 처음으로 Tool이 필요하다는 것을 알고 있다. 한 예로, 땅을 파야 하는 목표가 없는 사람에게는 삽을 줄 필요가 없다. 여기서 땅을 파는 것은 목표이며 삽은 Tool이 된다.

모랄 훈련을 하면서 생기 가득한, 활력 넘치는, 개인과 조직을 만들기 위해서는 목표 설정 시 세 가지 사항을 고려해두어야 한다.

(1) 목표는 항상 도전적 '예상치+의욕치'여야 한다.

시간이 지나면서 통상적인 업무 추진으로도 얻을 수 있는 목표에 추진자(조직)의 의욕 수치를 더한 도전적인 목표를 갖는 습관을 가져야 한다.

예를 들어, 목표가 낮으면 적절한 예상치를 목표로 정하게 된다. 이때는 성취 동기를 유발할 수 없고, 본인(조직)의 긴장감(Tension) 유지와 혁신(개선) 활동이 활성화되지 않는다. 더 큰 문제는 인재 육성 차원에서 매우 중요한 본인(조직)의 잠재 능력을 발굴하고 키울 수 없다는 점이다. 자기 능력보다 높은 목표를 가질 때 부족한 점을 깨닫게 되고 노력을 통해 성장하기 때문이다.

(2) 목표는 항상 구체적인 숫자로 표현해야 한다.

목표 설정 시 잘못 행하고 있는 것 중 하나는 막연하고 진부한 목표 설정(예–잘해보자, 작년보다 높게, 최선을 등등)이다. 이러한 목표는 구성원의 방향성을 상실하게 하고 자의적으로 해석하게 하여 일관성 있고 짜임새 있는 업무 추진에 장애요인이 된다. 목표는 항상 구체적이고 숫자로 표시할 수 있어야 한다. 도요타는 그것을 중시한다. 기업은 이익을 만드는 곳이지 시간을 보내는 곳이 아니다.

(3) 목표는 구성원들에게 정확히 공감(공유+수용)되어야 한다.

목표는 상위 관리자가 만들고 조직원은 시키는 대로 하면 된다는 의식은 가장 경계해야 할 도덕적 해이(Moral Hazard)를 초래한다. 이는 겉보기에 그럴싸한 도전 목표가 되지만 사원들과 공감대를 형성하지 못함으로써 쓸데없는 조직 피로도만 가중시키거나, 보여주기 위한 업무로 변질되어 비효율적인 업무 수행이 많아진다.

이러한 경우 제대로 된 혁신의 결과를 얻지 못하는 것을 지금까지 많이 경험해왔다. 따라서 모든 조직의 관리자가 부하로 하여금 조직 목표에 대해 정확히 이해하고 공감대를 형성할 수 있도록 노력해야 함은 당연지사이며 필달(必達)해야 한다. 더

나아가 상위 조직의 목표 달성을 위하여 자기 조직(개인)은 무엇을 목표로 도전해야 하는지, 이른바 목표 전개(Breakdown) 방법을 활용하여 자기 조직의 목표를 명확히 설정해야 한다.

회사에서 주어진 사명을 바탕으로, 내부적으로는 효율을 중시하고 외부적으로는 고객을 중시하는 틀을 만들어야 한다. 또한 시장 선도를 통해 세계 1등을 실현함으로써 초일류(超一流) 기업을 구현하는 것이 기업의 목표라 할 수 있을 것이다.

이러한 목표의 기준을 명확히 함으로써, ▶각 개인 및 조직의 성취감과 성장 노력을 유발하고, ▶본인(조직)의 긴장감 유지를 통한 혁신 활동의 활성화 및 가속화를 얻게 되고, ▶구성원의 방향성 일치를 통한 강한 힘의 공유로, ▶일관성 있고 짜임새 있게 업무를 실행하게 된다.

둘째, 큰 목소리를 통한 자신감이다.

자신감은 원기 왕성한 기운에서 나온다. 내가 큰 목소리를 내면 상대방도 큰 목소리로 응대한다. 결과적으로 높은 기의 에너지를 교류하여 시너지 효과를 만들어낼 수 있다. 혼신을 다하는 목소리는 자신감의 표현이고 성공을 향한 첫걸음이며 당당하게 문제에 맞서나가는 힘찬 원동력이다.

도요타 방식이 도입된 기업 어디를 가나 사원들이나 리더들이 모두 원기 왕성한 목소리로 일을 하고 있다. 그러면 설사 힘든 일을 하고 있더라도 피곤하지 않게 됨을 몸으로 보여준다. 아침에 서로를 보며 하는 인사도 아주 원기 왕성하며 밝고 힘차다.

도요타에서는 '하루의 아침은 삶의 보람을 만드는 일을 하기 위한 시작이다. 살아 있다는 것과 할 일이 있다는 것, 그것은 행복한 것'으로 정의하며 하루를 맞이한다. 그래서 도요타인들은 하루를 건강하고 감사한 마음으로 시작하며, 힘찬 목소리로 서로를 응원하고 힘을 돋워준다. 마치 서로가 칭찬하여 힘을 얻으면서 먼길을 날아가는 기러기들처럼, 서로 힘들 때 '잘하고 있어, 진정으로 잘하고 있어' 하며 위로를 하는 것이다.

실제로 아침에 도요타 방식을 실천하는 현장에서는 '원기 왕성하게 인사하기'가 아주 자연스럽게 생활화되어 있다. 그러기에 서로 믿는 마음이 전달되고 유지되는 것이다.

셋째, 즉실천과 민첩한 행동을 만든다.

모랄 향상 훈련의 구호 중 '해보고 생각하자'라는 구호가 있다. 이는 즉실천을 통한 행동의 중요성을 의미하며 변화를 주도하는 힘의 원천이다. 개인이든 조직이든 변화를 감지하고 이를 통해 개선의 의지를 심어나간다.

실천하는 사람은 부정적인 상황을 긍정적인 상황으로 전환시키고 결국 결과를 얻어내는 기업의 인재다.

이상의 세 가지 원칙은 모랄 향상 훈련을 위한, 분명하게 표현되는 행동들이라 할 수 있으며 이를 통해 우리는 개인과 조직의 모랄을 높다 혹은 낮다라고 평가할 수 있게 된다.

도요타식 모랄 향상 훈련은 아주 쉽고 단순하다. 그리고 간결하다. 하지만 이 속에는 깊은 행동철학이 숨어 있다. 어려우면 어려울수록 많은 사람들이 실행에 어려움을 겪는다. 그러기에 아주 간단한 인사하기부터 모랄 향상 훈련이 시작되는 것이고 기본을 반복하여 습관화하고 있는 것이다.

그러면 '모랄이 좋다' 혹은 '나쁘다'의 기준은 무엇인가?

우리는 일과 개선을 하면서 '할 수 없다' 또는 '그것은 하기 어렵다'라는 부정적인 말을 자주 접한다.

모랄이 좋다는 것은 어렵지만 도전을 택하는 '할 수 있다(능력), 하기 쉽다(대응력)는 사고'에서 출발하고 모랄이 나쁘다는 것은 이와 반대 상황에서 출발한다.

58페이지 그림과 마찬가지로 모랄은 모랄 향상 훈련을 통해 오른다. 도형으로 설명하면 모랄 훈련 대상에 따라 세 가지 방법인 A형, B형, C형 등으로 나눌 수 있다.

무능력한 경우(A형)는 필요한 능력을 가르치는 것과 병행이 필요하고, 수행이 어려운 과제를 앞둔 경우(B형)는 우선 자신감을 키워야 한다. 그리고 능력이 있지만 하지 않는 경우(C형)는 '실행할 때 오는 실패를 두려워하지 않는 정신'을 키운다.

모랄 훈련의 바람직한 모습은, (1) 하고자 하는 자신감 속에 할 수 있는 능력을 갖추고, (2) 어떠한 어려운 환경에도 대응할 수 있는 자신감과 민첩한 행동력을 기르며, (3) 1등의 도전 목표를 갖도록 하는 과정으로 추진하는 것이다.

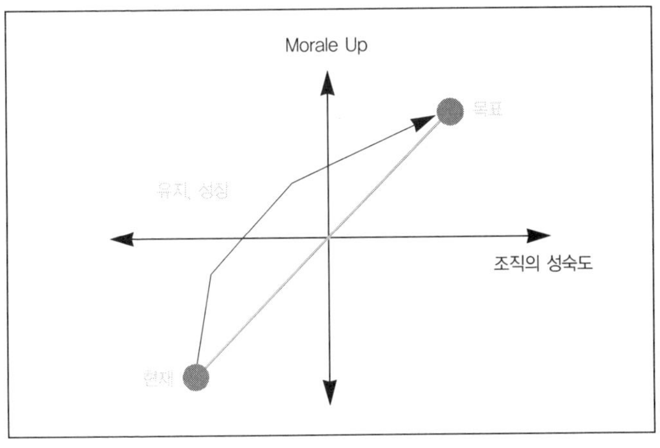

〈Morale Up vs 조직의 성숙도〉

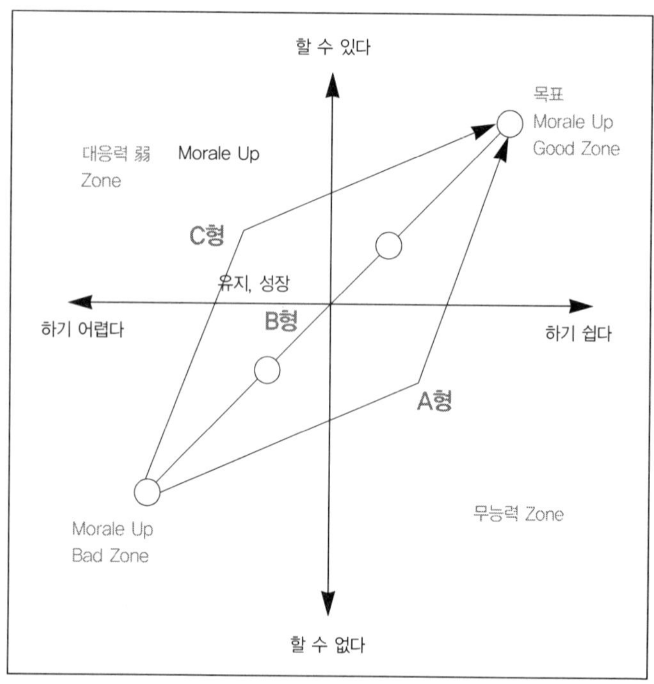

〈Morale Up 3 Way Quadrant〉

모랄 업된 모습

① 강한 목적의식을 가지고 1등 목표 달성에 중점을 둘 것을 결심한다. 막연하게 아무 생각 없이 일하거나 변명을 하지 않는다.

② 어떤 경우에도 문제를 반드시 해결할 것을 결심한다. 어려운 일도 앞장서서 도전한다. 언제나 '할 수 있다'는 플러스 발상으로 사물을 생각한다.

③ 스스로 계획을 세우고 결과를 평가·반성한다. 결과에 대해서는 100% 책임을 진다. 자기에게 책임이 돌아오지 않도록 처음부터 피할 구멍을 마련하지 않는다.

④ 언제나 자기 이익보다 조직의 이익을 우선하여 판단하고 행동한다. 자기 이익보다 부문의 이익, 부하의 이익이 우선이며 자기 부문의 이익보다 회사의 이익이 우선이다.

⑤ 언제나 현상에 대해 의문을 갖고 어느 부분을 혁신할지 구체적, 현실적으로 고민한다.

⑥ 일을 도중에서 그만두지 않는다. 벽에 부딪혀도 반드시 돌파하겠다고 마음먹는다.

04

모랄 향상 훈련은
일을 하기 전의
기본 체조

기업의 힘

남만큼 해서는 남 이상이 될 수 없다. 어려움이 크고, 남은 할 수 없다는 생각만큼 성취감은 더욱 클 것이다. 저변에 깔린 정신력은 높은 모랄에 있다. 한 명 한 명의 모랄이 모여서 큰 힘을 낸다. 바로 이것이 기업의 힘이 된다.

— 야마다 히토시

앞장에서 매일 매일 반복되는 일에 임하는 자세를 확고히 하고, 1등의 목표를 달성할 수 있는 힘의 원동력을 모랄 향상 훈련으로 소개했다. 이러한 모랄 향상 훈련으로 사원의 마음가짐을 바꾸어 높은 경쟁력을 갖추는 데 결정적인 도움을 줄 수 있다.

고객은 Q(품질), C(가격), D(납기), S(서비스) 등의 네 가지 사항에 만족할 때 우리 제품을 산다. 이것은 고객의 절대적인 선택권으로, 물건을 만드는 입장에서 깊이 생각해야 할 요소이다.

그런데 이 가치는 항상 고정되어 있는 것이 아니고 시간, 장소, 외부환경에 따라 수시로 변하는 속성이 있다. 오늘의 경쟁 우위의 요소가 내일은 도산의 요인이 될 수도 있고 그 변화 기간은 나날이 짧아지고 있다. 따라서 조직의 가치 개념을 끊임없이 상향시켜나가야만 막강한 경쟁 업체들이 도사리고 있는 냉혹한 현실에서 생존의 자리를 지켜나갈 수 있다. 그래서, 혁신하고자 할 때에는 반드시 고객의 가치 개념이 들어가야 하고 가치의 핵심 요소들은 변화에 맞추어 계속적으로 보완, 개발되어야 한다.

고객만족을 지속적으로 유지하기 위해서는 내부적으로 철저한 실행 문화를 만들어야 한다. 그리고 혁신의 최선봉에 서더라도 두렵지 않도록 하는 방법이 중요한데, 바로 높은 모랄을 갖게 하는 것이 그 방법이다. 그래서 일을 시작하기 전의 마음가짐이 곧바로 제품을 만들어내는 설비에 전달되어 양질의 제품이 탄생하는 것이다. 작업자의 마음자세가 불량하거나 잘못되어 있다면 그것은 심각한 불량을 유발할 것이 자명하다. 진정으로 혁신을 성공시키려면 고객에게 영향을 주는 최일선 작업자의 마음가짐이 중요함을 알아야 한다.

따라서 도요타에서는 현장의 전 직원에게 책임과 권한을 부여하는 한편, 자신이 만들어낸 제품을 스스로 보증하고, 그 속에서 낭비를 제거하여 경쟁력 있도록 표준 작업표를 만들어 이를 준수하고 있다.

일류 기업은 일류 정신을 가진 사람이 근무하므로 당연히 일류 제품이 나오기 마련이다. 그곳에는 일류 프로세스와 일류 모랄이 있다. 혁신과 개선으로 성과를 극대화하고 낭비를 제거하며 생산성을 올려나가는 것이 중요한 이 시기에, 기본적인 Rule을 지키지 않는다는 것은 문제가 될 수 있다. 아주 유명한 운동 선수도 필드에 나가서 뛰기 전에는 반드시 기본적인 몸풀기를 한다. 이를 통해 최고의 컨디션을 유지하여 자신의 역량을 충분히 발휘하고 좋은 결과를 얻도록 하는 것이다.

일을 추진할 때 시행착오를 줄이기 위해서는 아래의 네 가지 사이클을 잘 이해하고 단계별로 진행하는 것이 필요하다. 특히 한국 사람들의 특성상 표준을 잘 지키지 않는 부분이 있기 때문에 공유나 수용을 제대로 하지 않고 업무를 밀어붙이기 식으로 하면 나중에 올바르게 업무 효율을 올릴 수가 없다.

이러한 사이클을 SADE Cycle이라 명명하기로 한다. SADE Cycle은 공유의 축, 수용의 축, 실행의 축, 평가의 축 네 가지로 구성되어 있으며, 반복적으로 사이클링하며 업무의 부가가치를 창출한다. 이것을 하나의 힘으로 뭉쳐주는 것이 바로 모랄 훈련이며 일시적으로 해서는 그 효과가 미미하기 때문에 반복을 의미하는 '모랄 향상 훈련'이라 부른다. 그것도 현장에서 즉 실천하여 성과를 내고자 하는 뜻이 담겨 있다.

SADE Cycle과 모랄 향상 훈련은 함께 시너지 효과를 줄 수 있다.

1. 공유의 축–Share

2. 수용의 축–Acceptance

3. 실행의 축–Doing

4. 평가의 축–Evaluation

이 네 가지 축은 일을 추진하는 데 있어 공유–수용–실행–평가에 대해 기준을 제공하며 특히, 공유의 축과 수용의 축에서 기준값을 밀어올리는 가장 중요한 역할을 하는 것이 모랄 훈련이다.

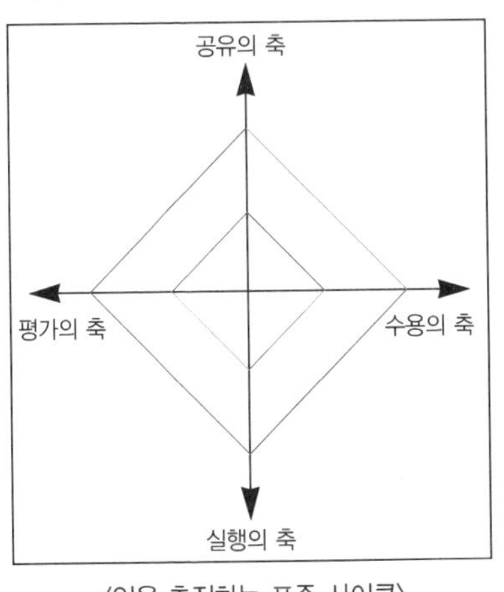

〈일을 추진하는 표준 사이클〉

일을 할 때 너무 평가의 축만 따진다면 공유와 수용이 소홀해져 진정으로 도전할 목표와 동떨어진 행위들을 하게 된다. 이것은 부분최적화에 따른 낭비를 발생시키며, 때로는 개인이

나 조직을 비효율적으로 만든다. 이러한 프로세스적 축들 사이에서 효율을 창출하고 윤활유 역할을 하는 것이 바로 모랄 향상 훈련이다. 이를 통해 개인이든 조직이든 한 방향으로 조화롭게 나아갈 수 있는 원동력을 얻게 된다.

무슨 일을 하든 모랄을 높여 하루 일과를 힘차게 할 수 있다는 것은 얼마나 중요한 동기부여인가! 우리가 그동안 단순히 지나쳐온 것으로 새로운 금맥이 되는 것, 그것은 바로 Mind이다. 하겠다고 마음먹는 그것만으로도 30% 이상의 생산성을 높일 수 있음을 계속 체험하고 있지 않은가. Mind를 다시 한 번 생각해보아야 하며 이를 통해 직원들에게 돌아가는 혜택을 늘이고 자신감 넘치며 활기찬 직장 생활이 되도록 해야 한다.

새벽을 여는 함성과 함께 "야호"

개선의 마음가짐 10개조 발표

높은 목표의 달성은 높은 모랄에서 나온다

05

모랄 향상 훈련의
전개 방법
7 STEP

실행의지

개선하려고 하는 사람들이 실행의지가 없으면 절대로 성공할 수 없다. 개선의 시작은 자기 자신과의 싸움이다. 모랄이 낮은 사람은 현장에 가더라도 개선을 실행할 수 없다. 개선하려는 사람들은 지위가 높고 낮음에 관계없이 모두 모랄을 체득하도록 하여야 한다.

개선에 POWER를 주는 모랄 훈련

일본 PEC산업교육센터에서 모랄 훈련을 받을 때의 상황이다. 본격적인 모랄 훈련에 들어가기 전에 지도강사인 혼다 연구원의 개괄적인 얘기를 듣게 되었다.

생산성 본부에서 약 5년 간 근무하던 야마다 히토시 소장은 도요타 자동차 부사장인 오노 다이이치 선생과 만난다. 이때 그는 도요타 방식이 자동차뿐만 아니라 타업종에도 활용이 가능함에 눈을 떴다. 그는 즉시 개선업무에 몸을 바치기 위해 PEC연수원을 설립했다. 도요타 방식을 전수하려고 하는 곳은 많지만 PEC의 야마다 소장은 자동차 업종에 국한되었던 TPS방식을 최초로 다른 업종에 접목시키는 도전을 했고, 성공을 이뤘다. 물론 PEC과 도요타는 직접적으로 서로 교류를 하는 것은 아니다.

현재 일본을 대표하는 SONY나 SANYO, CANON과 같은 대기업을 비롯한 여러 회사에서 획기적인 성과를 내 이름을 얻었고 TPS를 17년 이상 지도하고 있다. 열심히 따라하는 기업도 많지만 유감스럽게도 그렇지 못한 기업도 많다. 그 중 CANON이 가장 열심히 임하고 있는 것으로 평가된다. CANON의 Top은 혁신을 경영의 핵심축으로 하고 있기 때문이다.

야마다 소장이 기업에 훈련을 전개하면서 분명하게 깨달은 것이 있다. 추진이 잘 안 되는 곳과 잘 할 수 없는 곳은 대개 말만 앞선다. 예를 들어, CELL 방식, 포장마차 방식, 간판 방식 등과 같이 수법만을 가지고 흉내만 내고 있는 곳은 대개가 실패하고 있다. 성과로 연결이 안 되는 것이다.

개선은 성과로 연결되어야 한다

여기서 성공을 위해 참고해야 할 것은, 오노 다이이치가 말한 JIT와 자동화 사상을 기초로 해서 각각의 기업 상황에 맞게 어떻게 전개할 것인가를 연구하는 것이다. 그렇지 않으면 겉으로 보이는 (우리는 JIT를 하고 있다. 우리는 CELL 생산방식을 하고 있다는 식으로) 개선 수준에서 멈추고 만다.

성과로 연결이 안 되는 것은 낭비만을 키울 뿐이다. 현재 성과를 내고 있는 간판 방식, CELL 방식, 포장마차 방식이라는 것은 결코 한순간에 이뤄진 것이 아니며 완성이 없는 것이다. 지속적인 개선의 연장선상에 있다는 점을 알아두기 바란다.

야구로 예를 들어보겠다. 일본 자이언츠의 마츠이 선수가 미국 양키스에서 뛰고 있다. 고생을 많이 하고 있다. 만약 우리가 마츠이와 똑같은 배트를 가지고 타선에 서서 타격한다고 해서 그와 똑같이 홈런을 칠 수 있을까? 아마 못 칠 것이다. 그는 수없이 많은 반복훈련을 통해 현재의 위치에 도달했기 때문이다. 그렇기 때문에 사람들이 그의 흉내를 내고 그와 같은 배트로 친다고 해도 결코 홈런을 칠 수 없다.

그래서 우리는 이렇게 생각한다. 개선을 하기 위해서는 많은 훈련을 해야 한다고. 따라서 오늘 모랄 훈련을 하고 있는 것이다.

개선을 시작하기 위한 위치 부여를 한다면 국민체조와 같다. 바로 개선의 성공을 위한 준비운동이다. 개선하려고 하는 사람들이 의지가 없으면 절대로 성과를 내는 개선을 할 수 없다. 실행은 힘겨운 자기 자신과의 싸움이기도 하다. 그런 각오가 없는 사람은 현장에 가더라도 개선할 수 없다. 물과 친해지지 않고 수영을 이야기할 수 없는 것과 같다. 개선하려는 사람들은 지위가 높고 낮음에 관계없이 모두 현장에 서서 몸소 참여하도록 해야 한다.

이렇게 한 시간 정도 모랄 훈련의 의의와 중요성을 강조하고 나서 본격적으로 모랄 훈련을 시작하였다.

모랄 향상 훈련 7스텝

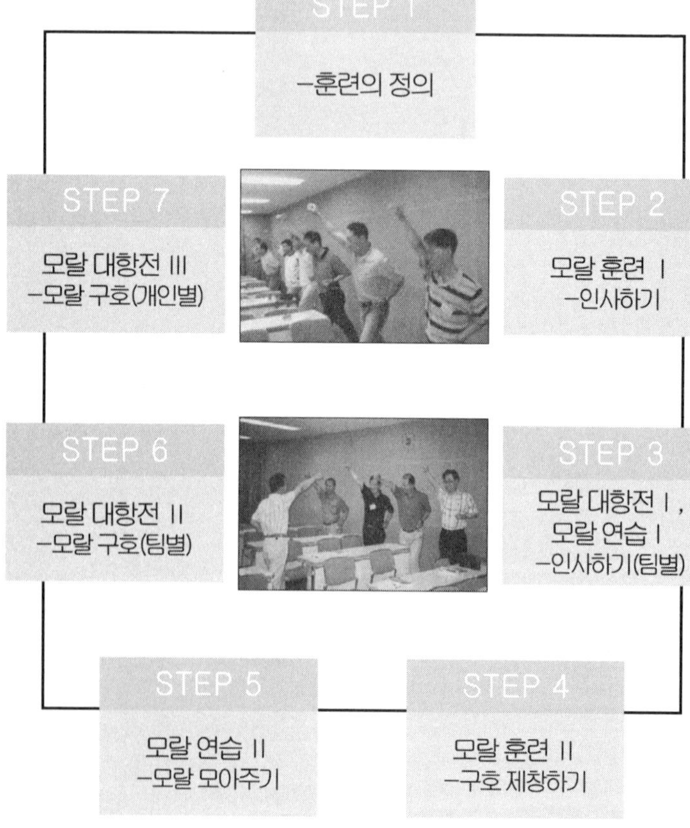
STEP 1
-훈련의 정의

STEP 7
모랄 대항전 III
-모랄 구호(개인별)

STEP 2
모랄 훈련 I
-인사하기

STEP 6
모랄 대항전 II
-모랄 구호(팀별)

STEP 3
모랄 대항전 I,
모랄 연습 I
-인사하기(팀별)

STEP 5
모랄 연습 II
-모랄 모아주기

STEP 4
모랄 훈련 II
-구호 제창하기

목표 : 모랄 향상 훈련을 하기 전에 모랄 훈련의 정의 및 의미를 강사 소개와 더불어
강사가 설명한다.

좌석배치 : 교육생 전원 앞을 보고, 4열 5인석 / 1인 1좌석

소요시간 : 15~20분

■ 진행 Rule

1. 전원 1인 1의자에, 강사를 향해 앞을 보도록 배치한다.

2. 일일 사장에 의해 서로 인사를 한다.

3. 강사에 의해 훈련 정의와 중요성에 대한 설명을 듣는다.

4. 모랄 훈련의 3대 키포인트에 대해 정확히 이해한다.

5. 간단한 몸 풀기로 마무리한다.

모랄 훈련(의미 : 土氣 → '합시다' 라는 '氣' 다) : 하려고 하는 기를 발산하기 위
해 두 가지를 하고자 한다(큰 목소리+절도 있는 행동).

– 1등의 목표를 갖는다(극한 도전).

– 큰 목소리로 한다.

– 절도 있고 민첩하게 행동한다.

STEP 2 : 모랄 훈련 Ⅰ – 인사하기

목표 : 간단한 인사하기를 통해 큰 목소리와 민첩한 행동, 그리고 표준에 대해 인지
하고 행동할 수 있도록 한다.

좌석배치 : 교육생 전원 앞을 보고, 4열 5인석 / 1인 1좌석

소요시간 : 50분

■ 진행 Rule

1. 전원 1인 1의자에, 강사를 향해 앞을 보도록 배치한다.

2. 일일 사장에 의해 서로 인사를 한다.

3. 강사가 먼저 2~3회 실시함으로써 교육생들에게 표준 모델을 제시한다.

4. 훈련자 개개인이 구령자가 되어 실습한다. 강사는 소리가 배에서 나올
   정도로 우렁차고 큰지, 특히 극한의 목소리인지 판단하고, 경례 시 손바
   닥 소리와 일어나고 앉는 타이밍이 통일되는지에 대해 지적, 개선한다.

예) 구령자 → 전체 기립, 경례

　　전원 → 혁신하겠습니다!

　　구령자 → 착석

　　전원 → 앉는다

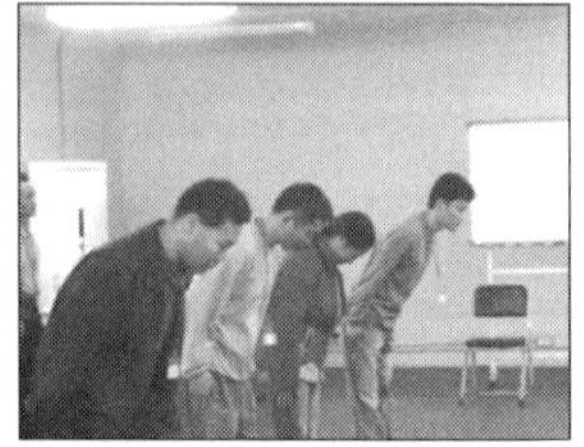

STEP 3 : 모랄 대항전 Ⅰ, 모랄 연습 Ⅰ - 인사하기(팀별)

목표 : 1, 2스텝을 통해 큰 목소리와 행동이 표준화되었으면 팀대항을 통해 경쟁의
식을 고취시키고, 모랄 훈련이 습관화되어 친절한 상태가 유지되도록 한다.

좌석배치 : 전원을 두 팀으로 나누고 팀원을 다시 둘로 나누어 일대일로 마주보고
서도록 한다.

소요시간 : 50분

■ 진행 Rule

<모랄 대항전 Ⅰ>

1. 전원을 두 팀(A, B)으로 나누고 팀원을 다시 둘로 나누어 일대일로 마주
보고 서게 한다.

2. 인사하기를 각 팀별로 10분 동안 연습하도록 하고 각 팀은 개선맨을 선
정, 전체의 목소리와 동작이 일치하도록 한다.

3. 팀별로 발표하도록 하고 다른 팀이 평가하도록 한다.

<모랄 연습 Ⅰ>

1. 장소를 정하여 출입문을 들고 나갈 때 인사를 한다.

2. 인사는 '실례합니다'로 통일한다.

3. 강의장이나 현관을 이동할 때 시행하도록 하고, 강사는 전원이 실제 실
습하도록 하며, 교육 과정 중 계속 이어지도록 하여 반복, 숙달되게 한다.

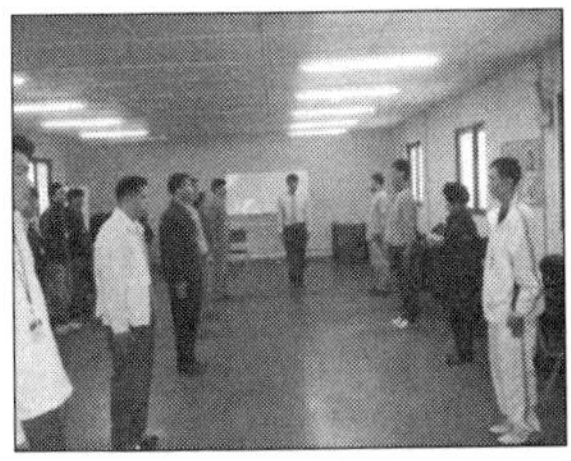

STEP 4 : 모랄 훈련 II – 구호 제창하기

목표 : 간단한 구호를 통해 큰 목소리와 민첩한 행동, 그리고 표준에 대해 인지하고
　　　행동할 수 있도록 한다.

좌석배치 : 교육생 전원 앞을 보고 선다. 4열 종대로 세운다.

소요시간 : 50분

■ 진행 Rule

1. 일일 사장에 의해 '인사하기'로 시작한다.

2. 강사가 먼저 2~3회 실시함으로써 교육생들에게 표준 모델을 제시한다.

3. 구호를 하는 학습자가 한 문장씩 선창하면 전원이 제창한다.

4. 구호 및 모션이 통일되고 전원이 다 할 수 있을 때까지 진행한다.

예) 구령자 → 전체 차렷, 경례

　　전원 → 혁신하겠습니다!

　　<구호> 오늘 할일은 오늘! / 지금 할일은 지금! / 해보고 생각하자! / 해

　　　　　　보자 해보자 해보자!

　　구령자 → 전체 차렷, 경례

　　전원 → 혁신하겠습니다!

STEP 5 : 모랄 연습 II – 모랄 모아주기

목표 : 단체전을 통해 함께 호흡하는 것의 중요성을 깨닫고 팀워크를 구축하도록
한다.

좌석배치 : 팀별로 1인을 중심으로 원형을 만들고 서도록 한다.

소요시간 : 50분

■ 진행 Rule

1. 팀별로 원형으로 둘러쌓아 가운데 있는 팀원의 사기를 드높여준다.

2. 먼저 가운데 있는 팀원이 구호를 선창하면 주위에 있는 팀원들이 제창
하여 구호를 외친다.

3. 전체 차렷, 경례 등의 구령은 원 안에 들어가 있는 사람이 하도록 한다.

4. 한 명씩 자리를 바꾸어 전원이 실시한다.

   (모랄 구령은 모랄 훈련 II와 같다)

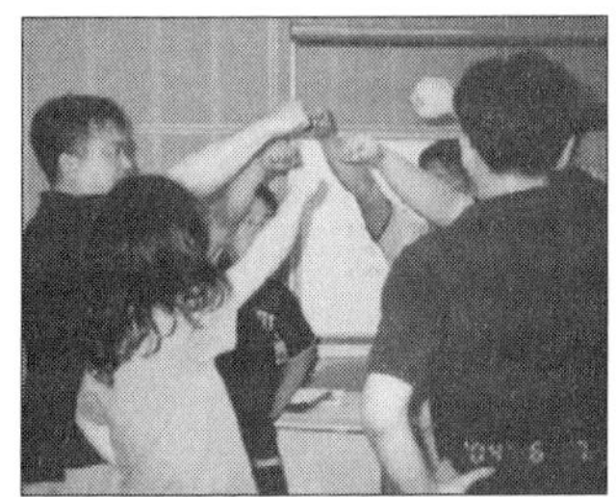

STEP 6 : 모랄 대항전 II – 모랄 구호(팀별)

목표 : 팀별 대항으로 경쟁의식을 고취하고 부족한 점을 보완하도록 한다.

좌석배치 : 전원을 두 팀으로 나누고 일대일로 마주보고 서게 한다.

소요시간 : 50분

■ 진행 Rule

1. A, B 팀별 일대일로 마주보고 선다.

2. 강사가 구령을 붙여 인사를 나누게 하고, 각 팀이 구호를 한 문장씩 제창한다.

3. 이때 선창은 없도록 하고, 대신 구호 전 '시작'이라는 말을 하도록 하여 자연스럽게 팀원 간에 호흡과 구호가 일치하도록 한다.

4. 강사는 목소리 크기와 절도 있는 동작을 평가기준으로 삼아 승패를 결정해준다.

5. 또, 강사는 진 팀에게 몇 번 더 연습하도록 하고 왜 패했는지 개선할 기회를 부여한다.

STEP 7 : 모랄 대항전Ⅲ – 모랄 구호(개인별)

목표 : 팀별 대항이 끝나면 이제 한 명씩 일대일 대항을 하여 최고를 찾아낸다.

좌석배치 : 양쪽으로 팀별로 분리하고 한 명씩 대항한다.

소요시간 : 50분

■ 진행 Rule

1. 팀별 대항이 끝나면 다음에는 팀원이 일대일로 대항할 수 있도록 한다.

2. 일대일 대항 시 먼저 강사가 상호인사를 나누도록 구령하고 구호는 팀별 대항 방법과 동일하게 '시작'이라는 단어로 한다. 이어서 각 문장을 번갈아가며 제창하여 사기를 드높이고, 1차로 상대를 이기는 것을 목표로 대항하도록 한다.

3. 강사를 포함한 세 명이 승패를 가르게 하고, 토너먼트식으로 연속진행한다.

4. 최고의 승자를 가리고 모랄 리더로 선정하여 칭찬해준 후, 모랄 리더의 선창으로 구호를 제창하고 훈련을 마무리한다.

06

모랄 향상 훈련의
진정한 숨은 사상
일곱 가지

근본(根本)

모랄 향상 훈련의 내면에 숨어 있는 근본 사상은 체험
과 경험을 통한 체득 과정을 거쳐 극한의 단계에 도전
할 수 있는 힘을 주고, 철저한 준비를 통한 반복학습을
통해 개인과 조직의 상향 평준화를 꾀한다. 근본적인
사상은 총 일곱 가지로 정리할 수 있다.

모랄 향상 훈련을 통해 얻게 되는 가장 중요한 일곱 가지 근본 사상을 이해하고 숨어 있는 뜻을 알면 더욱더 긴장된 마음으로 훈련에 임할 수 있다. 그리고, 이런 훈련을 통해 진정한 모랄 향상 훈련의 참맛을 느껴보자.

1. 표준은 지켜야 하는 것임을 몸으로 체득케 한다.

아주 쉽고 간단하지만 전원이 표준을 지킬 때까지 반복적으로 시행한다. 한번 정해진 표준을 행동으로 실행하는 과정이다. 하나하나의 동작이 표준화되어 일정한 수준 이상 올라갔을 때 비로소 훈련은 끝이 난다. 한 명이 실수하면 전원이 다시 행동을 반복해야 한다. 그것은 전원 참여·참가를 유도하기 위함인데, 기본적으로 개인이든 조직이든 상향 평준화를

위해 중요한 과정이다. 예를 들어, 인사하기 모랄 훈련에서
도 기준치에 오르지 않을 때는 기준치에 도달할 때까지 반복
적으로 실시한다. 이것은 기업에서 만드는 제품의 품질이 나
의 작은 실수와 표준 미준수로 불량이 되고 문제가 됨을 실
감하게 한다.

2. 진검으로 임할 수 있는 정신을 가르친다.

모랄 훈련은 진정으로 도전하고자 하는 마음이 생기게 한다.
모랄 훈련이 비록 간단한 구호와 행동의 통일이지만, 그것이
완벽하게 이루어지기 위해서는 개개인이 꼭 하고자 하는 진

정한 마음이 담겨 있어야 한다. 그렇지 않으면 바로 어긋나게 되어 있다. 따라서 그러한 과정 속에서 진심으로 일에 대한 열정과 잠시의 방심도 허락하지 않는 장인 정신을 갖도록 한다.

3. 1등의 극한 도전 목표에 전원이 합심하는 정신을 가르친다.

'목소리와 행동의 전원 통일'이라는 전체 목표를 실천하기 위해 구성원 개개인이 자기의 능력을 최대한 발휘할 뿐 아니라, 다른 사람과 목소리와 행동을 통일하기 위해 서로를 살핌으로써 개개인 및 단체가 배려하는 마음을 갖게 하고, 함께 호흡하는 것의 중요성을 이해하게 되며, 구성원이 가질 수 있는 개인 주의가 타파된다.

4. 즉실천의 행동력을 갖추는 데 철저한 준비를 하게 한다(Needs 경영).

주저 없이 우렁차고 힘 있는 목소리로 하는 인사와 민첩한 행동 훈련을 통해 머뭇거림이 없도록 하여 자신감을 키울 수 있다. 그리고 구령자가 언제 구령을 하는지, 그 구령에 맞춰 행동해야 한다는 관심과 긴장이 존재함으로써 자신이 해야

할 역할에 대해 항상 준비하게 된다. 준비가 부실하면 결과
역시 좋을 수 없음을 체험한다.

5. 개선혼을 실행할 수 있도록 의욕을 고취시킨다.

구호 하나에서도 개인 간의 차이는 분명 있을 것이다. 이러
한 개인의 차이를 서로 좁히고자 노력하며 개선하고자 하는
것에 대해 철저히 알고, 개선된 것은 원위치되지 않게 하는
'개선혼'을 체득하게 된다. 또한 이런 작은 부분에서 막상 실
행해보면 개선은 어렵지 않은 것임을 깨닫게 되고 개선 의욕
도 고취된다.

6. 타협하지 않는 근성을 가르친다.

하나의 목표를 가지고 시작된 행동이 그 목표에 도달하기 너
무 어렵다고, 혹은 '이 정도면 되겠지' 하는 생각으로 현실과
타협하는 경우가 종종 있
다. 이래서는 개인과 회사
의 발전을 가져오는 개선
이나 모랄 향상 등은 있을
수 없다. 단지 현실 안주만
이 있을 뿐이다. 세워진 목

도전 목표의 선언

표를 달성하기 위해 서로 문제를 보완하는 과정 속에서 문제를 제대로 알고 개선을 실행하는 힘이 생기는 것이다.

7. 개선의 방법을 체행, 체득, 경험을 통해 습관화 시킨다.

모랄 훈련은 개개인에게 사기, 자신감을 갖게 하여 보다 높은 목표를 달성하도록 한다. 그 과정에서 문제를 지적할 수 있는 용기를 갖게 하고 작은 성공 체험을 통해 개선의 필요성과 방법을 조금이나마 알게 한다. 다시 말해 모랄 훈련은 개선을 몸으로 행하여 익히게 하고, 머리로는 오래 기억하도록 하는 과정인 것이다.

-One Point Lesson-

개선맨

물건을 만드는 현장에서는

근육이 튼튼하고 몸으로 실천하는 사람만 있으면 충분하다.

개선은 머리로 하지 않고 행동으로 하는 것이며,

작은 것부터 시작하되 지혜를 사용하는 것이고,

즉시 행동으로 옮겨 결과를 보는 것이다.

— 오노 다이이치 어록

07

모랄 높은 사원과
실행력 있는
조직 만들기

살아 있는 현장[活 現場] 만들기

혁신 관리자들은 과정 관리에 의한 결과에 초점을 맞추어 개인의 능력을 이끌어내야 한다. 이것이 혁신 관리자의 관리 프로세스이며, 변화에 민감하게 살아 숨 쉬는 현장으로 만들어나가는 초석이 될 것이다.

"회사는 돈벌이를 위해 어쩔 수 없이 다니는 곳이야. 회사의 이익을 위해 아무리 열심히 일해도 그 이익이 나에게는 조금도 돌아오지 않거든. 그러니 나도 해고되지 않을 정도로만 적당히 일하면 되지 뭐."

이런 마음가짐으로는 고객에게 인정받을 만큼 뛰어난 성과가 나올 수 없기 때문에 결과적으로 회사도 돈을 벌지 못한다.

젊은 사원들에게 "회사는 당신에게 어떠한 존재인가?"라고 물어보면 대개 다음과 같이 대답한다.

"월급을 주는 곳."

"먹고살기 위한 양식을 얻는 곳."

그런 대답들은 정말 한심스럽기 짝이 없다. 무엇보다 그 사람과 함께하는 회사에 비전이 있을 리 없다.

"인류발전에 공헌한다고 실감할 수 있는 곳."

"풍요로운 사회창조라는 회사의 목적을 통해 자기의 꿈을 실현하는 곳."

이처럼 조금은 높은 차원의 대답을 하는 직장인을 만나기는 쉽지 않다. 처음에는 단순히 형식적이어도 좋다. 누군가 이러한 종류의 질문을 하거나 본인 스스로 생각할 때, '나는 사회에 공헌하기 위해 일을 한다'라고 당당하게 말할 수 있었으면 좋겠다.

회사를 잘 이해하도록 커뮤니케이션을 많이 해야 한다.

일 속에 재미를 만들자

무엇이 업무를 재미있다고 느끼게 하는가? 그것은 현장의 작업자부터 경영자까지 절실하게 필요성을 느끼게 하는 항목일 것이다. 어떻게 하면 활기차고 재미있게 업무를 수행할 수 있을까?

활성화된 조직은 조직원들의 얼굴 하나하나에 웃음이 가득하다. 출근하고 싶어진다. 출근하고 싶어 아침이 기다려질 정도다. 상사와 부하 직원 간에 신뢰(Trust)와 믿음이 있고, 개개인들은 조직 속에서 성장에 따른 자부심(Pride)을 맛볼 뿐 아니라 성취감 속에서 기쁨(Gladness)을 느끼며 행복해한다. 이런 조직의 토양은 재미(Fun)있게 잘 계발되어 있는 토양이다.

재미있는 여러 이벤트들이 모여 인간적 유대가 강화되고, 개인은 자신의 능력을 최고로 발휘하며, 이들이 모인 조직의 생산성은 그 끝을 알 수 없는 최고점에 도달하고 싶은 상태에까지 이른다. 조직은 그 목표를 달성하기 위해 여러 활동들을 한다. 그러나 개개인 자생력을 불러일으키지 않으면 그것들은 바람직하지 못한 방향으로 갈 수밖에 없다.

이런 점에서 관리자들은 과정 관리에 의한 결과 도출에 초점을 맞추어 개인의 능력을 이끌어내야 한다. 이것이 혁신 관리자들이 취해야 할 관리 프로세스이다.

이제는 바뀌어야 한다. 시장 환경에 의해 경영 환경도 바뀜에 따라 현장의 프로세스도 바뀌고 여기에 몸담고 있는 인적 자원의 성향도 바뀌게 되어 있다. 상사의 일방적인 통행과 지시는 언젠가 자신도 모르는 사이 개인의 능력을 잠식시키고 조직을 침몰시키고 말 것이다.

사원들을 존중하는 관리가 즐거움을 주는 Fun경영의 시작이다. 그럼, 어떻게 조직 활성화(Organizational Development)를 이루어야 하는가?

이제는 토양을 다시 한 번 개간하여 우리의 현장을 강한 체질로 가꾸는 노력이 필요한 시기다. 그 바탕은 뻔(Fun)한 것부터 시작하자. 일단 재미있는 것은 호기심을 자극한다. 호기심은 엄청난 에너지로 개인의 능력을 발휘시킬 엔진이 될 것이다.

_일에 재미를 주는 3대 요소

여기서 '일에 재미를 불러일으키는 3대 기본 요소'를 이해해야 한다.

가장 기본이 되는 제1단계는 <개인의 성장(Personal Growth, Pride)>이다.

조직 속에서 개인이 성장·성숙하고 있다는 것을 느끼도록 하고 보여주어야 한다. 그렇게 함으로써 개개인은 자신의 능력을 스스로 발휘하게 된다. 회사 차원에서는 개인의 성장을 위해 채용, 육성, 경력, 평가, 보상체계에 대한 확고한 제도도 제공해주어야 한다(Visualization, 가시화).

입사에서부터 개인의 성장 가능 경로를 보여주고 최선을 다할 수 있도록 근속에 부합되는 경력 관리 및 육성 계획을 제시해 개인의 능력이 성장할 수 있도록 공평한 기회를 주어야 한다. 이런 점에서 <개인의 성장>이라는 단계는 회사의 제도와 개인의 노력이 시너지 효과를 낼 수 있을 때 최고점에 달하게 된다.

<개인의 성장>은 의식의 발전과 지식 함양을 통한 지적인 성장을 의미한다. 우리 현장의 인적 자원들에게 일을 통해서 '바로 이 맛'을 볼 수 있도록, 제도권 하에서 개인의 능력을 발휘할 수 있도록 해주면 큰 변화를 기대할 수 있을 것이다. 이렇게 됨으로써 개인은 회사원으로서 자부심을 느끼게 된다.

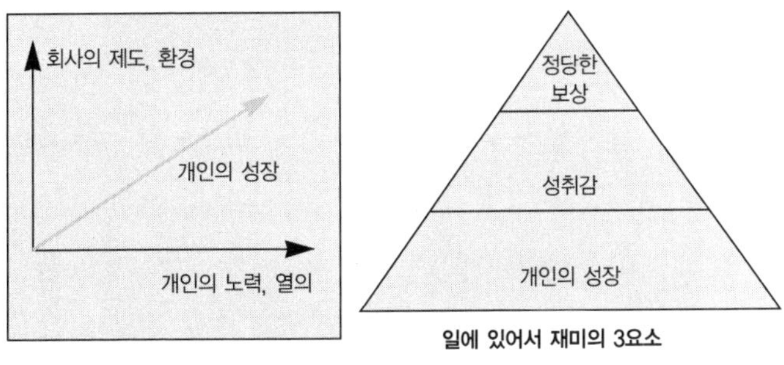

일에 있어서 재미의 3요소

제2단계는 <성취감(Small Success, Sweet Fun)>이다.

매슬로의 욕구 5단계 중 최상의 단계는 자아실현이다. 이는 기본적인 욕구를 지나 인간은 좀더 높은 자신의 영역을 찾아간다는 것이다. 왜 인간은 좀더 높은 자신의 성장을 위해 그렇게 노력하는가?

그것은 생활 속에서, 하루의 가장 많은 시간을 보내는 회사에서 작은 성취감을 통해 재미를 느끼며 살기를 원하기 때문일 것이다. 재미가 없으면 하려고 하는 마음이 생기지 않는다. 이러한 상태에서는 동기부여의 방법들이 무용지물일 수밖에 없다. 어느 유명한 학자의 말대로 '하고 싶은 것을 하는 것은 우선 재미가 있다. 그것은 자율적인 목적 의식과 행동으로 움직이기 때문'이다. 바로 이것이다. 일단 하고 싶은 것을 할 수 있는 자율성과 환경이 문제인 것이다.

반복적인 단순 업무를 계속하는 일상 속에서 '무엇인가 해냈다'는 성취감은 메마른 땅에 '단비' 같은 역할을 한다. 무엇인가를 해냈다는 것은, 개인적인 성취감도 있지만 조직 속에서 인간적인 도움과 합심을 통한 조직의 성취감(Team Work)도 얻을 수 있어 중요하다.

반대로 이러한 환경을 만들어내고 분위기를 성숙시켜나가면 큰 변화를 유도해낼 수도 있다. 게임을 통한 학습, 재미있는 여러 Tool을 통한 강한 참여 의식을 통해 스스로 인식할 수 있는 방법을 모색하게 한다. 그리고 작은 것이든 큰 것이든 문제를 해결하면서 '이루어냈다'는 달성감을 느낄 수 있게 과정 관리 프로세스를 정립하여 모든 일이 진행되도록 하는 것이 중요하다.

재미있는 여러 이벤트 활동을 과정 관리 속에 포함시켜 리듬 있게 리드해나간다면 일에 대한 자부심을 갖고 재미를 느끼는 활

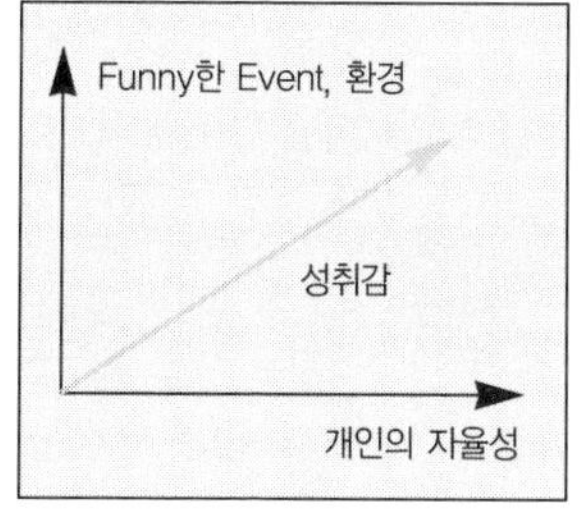

기찬 조직으로 계발되어질 것이다. 그래서 스텝부서들은 이런 분야의 전문가를 투입하여 지원하고 리드해나가는 것이 필요하다.

제3단계는 <정당한 평가(Trust, Fair Compensation)>이다.

앞의 두 요소와 아울러 강조돼야 할 점이 정당한 평가 체계이다. 개인의 경력이 늘어가는 데 따른 정당한 평가와 보상은 개인과 회사의 상호 신뢰성(Co-Trust)을 높이고 개인에게 유기적인 충성심(Loyalty)을 불러일으킨다. 이러한 체제 속에서 개인은 스스로의 능력과 역량을 유감없이 발휘하고 정서적, 경제적으로 안정을 찾게 된다.

정당한 평가 방법을 크게 두 가지로 나누어볼 수 있는데, 하나는 회사에서의 물질적인 보상이다. 즉, 급여 외에 객관적이고 공정한 등급 판정을 통해 '한 만큼 피드백' 되는 기능을 충분히 살려 사원을 독려하는 것이다. 다른 하나는 정신적인 보상이다. 이는 인정받는 분위기와 신바람나는 환경을 만들어주는 것이다. 즉, 상사로부터의 아낌없는 격려, 칭찬, 표창, 게시 등의 방법은 돈이 들지는 않지만 사원들의 사기 진작에 크게 도움을 주는 무한자원이다.

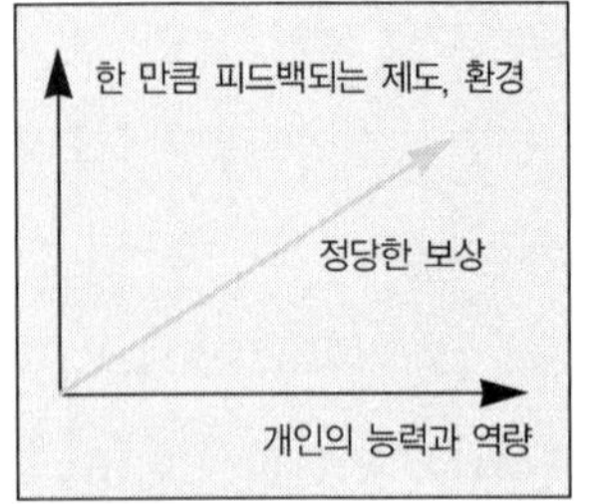

S그룹의 '좋은 일터 만들기' 프로젝트인 GWP(Good Work Place)에서 자부심(Pride), 신뢰(Trust), 재미(Fun)의 세 가지는 필수적으로 추구해야 할 개념들이다.

이렇게 해서 각 스텝부서는 제조 현장을 지원하고, 개인은 일을 통해 보람을 느끼면서 생활할 수 있도록 한다. 이런 노력 속에서 단지 일을 하는 것만이 목적이 아니라 서로가 마음 상하지 않고, 서로의 의견을 최대한 존중하면서, 일 속에서 배우고 개인의 성장과 성취감, 정당한 평가를 얻을 수 있도록 할 때, 급변하는 환경에 유연하게 대응해나갈 수 있는 힘이 생길 것이다.

08

힘찬 개선의 함성
– "혁신하겠습니다"

혁신(革新), "혁신하겠습니다."

현장에서 오늘도 "혁신하겠습니다"라는 구호가 외쳐
진다. 혁신의 주요 대상은 일을 하는 방법을 과감히 바
꾸는 것. 그것을 내가 하는 것이다.

▶ 물건 만들기, 사람 만들기, 개선(KAIZEN)

▶ 혁신은 고객 중심, 현장 중심, 이익 중심으로 바꾸는
것이고, 즉실천의 행동력을 갖추는 것이다.

혁신 마인드

혁신을 위해서는 네 가지 기본적인 마인드가 필요하다. 혁신한다는 것은 변화를 이끌어가는 것과 이 변화를 통해 기업의 이익을 달성하는 데 주안점을 두고 있다.

기업의 이익은 경쟁 시대에는 결국 원가의 비율을 얼마나 줄여나갈 수 있느냐의 문제로 봉착된다.

도요타 방식은 모든 업무의 프로세스 상에서 철저하게 낭비 배제의 실행을 요구하며 원가 절감을 통해 성과를 내는 방법론이다. 문제를 찾아내는 방법론이며 반드시 성과로 연결시키도록 즉실천을 요구하는 실천철학인 것이다.

제조기업의 경쟁력과 생존력은 고객이 원하는 물건을 만드는 현장에서 시작된다. 그래서 혁신은 모든 기업에서 중요한 화두로 삼고 있으며 상시 체질화되도록 노력해야 한다.

혁신 마인드에 대해 알아보자.

첫째, 고객 중심의 맞춤 생산 체제로의 변화를 인식하는 것이다.

회사 중심의 발상으로 대량생산하여 판매하던 시절은 이제 지났다. 과잉 설비와 재고로 인해 망할 가능성이 높아지고 있기 때문이다. 이것은 이미 중국이 더 잘한다. 고객은 점점 더 다양한 물건으로 고품질, 저가격을 찾아 선택할 것이고 또한 빠른 납기도 요구할 것이다. 이에 효과적으로 대응하기 위해 고객 중심의, 고객의 Needs에 부합하는 생산체제가 필요하다.

고객 Needs에 맞춘 생산은 도요타의 JIT 생산방식에 해당하는데, 불필요한 재공을 없애고 초단납기의 시스템을 만드는 것이다. JIT는 필요한 시기에, 필요한 제품을, 필요한 만큼 생산하여 물류를 조절하는 것을 말한다. 처음부터 필요가 없는 것은 생산하지도 않으며, 생각할 필요도 없다.

이것은 간단히 되는 것이 아니다. 우선 유지가 가능한 체질을 만들어야 한다. 문제가 빠르게 해결되는 체제가 핵심이다. 문제가 있는데 해결의 속도가 늦어지면 즉시 반대의 목소리가 힘을 받는다.

설비 고장과 품질의 문제, 그리고 품절 문제가 생긴다면 JIT

를 적용하는 것은 사실상 불가능하다. 따라서 이러한 생산의 3대 문제를 신속하게 해결하는 지원 시스템을 먼저 만들어야 한다. 도요타에는 안돈(이상감지판)이나 이것의 신호가 있을 때 즉시 달려가는 릴리프 맨이 있다.

이것이 없으면 대량의 재고와 재공이 넘치는 원인이 된다. 현장은 그런 곳이다.

도요타 방식은 고객으로부터 출발하는 후공정 인수시스템을 갖추어 불필요한 재고를 갖지 않도록 하고 있다. 따라서 JIT 방식을 제대로 활용하면 효과를 보는 것은 당연하며, 더불어 원가 경쟁력도 확보할 수 있다.

둘째, 현장 중심으로의 변화이다.

혁신을 위해 맨 처음으로 해야 하는 것이 회사 중심으로 생산할 것이냐, 고객 중심으로 생산할 것이냐의 결정이다. 이것이 결정된 후에는 바로 두 번째 혁신 정신인 현장 중심으로 모든 프로세스를 바꾸어야 한다. 고객 중심의 혁신이 외부지향적 혁신이라면 현장 중심은 내부지향적 혁신이라고 할 수 있다.

현장 중심의 사고는 3현 2원주의의 기본적인 철학으로 정립된다. 3현 2원주의는 현장에서 현물을 보고 현상을 파악하며 원리와 원칙에 입각하여 일(개선)하는 것을 의미한다.

현장 중심은 문제 대응이 빨라지는 데 큰 역할을 하는데, 이는 피부로 느끼기 때문이다. 그리고 불량을 줄이는 원천이 될 수 있다. 그래서 모든 제조업의 생존력은 물건이 흐르는 현장에서 나오며 성과로 연결되는 혁신도 현장에서 나오는 것임을 깨달아야 한다.

셋째, 이익 중심으로의 변화이다.

이익 중심의 사상은 현장에서 7대 낭비의 제거를 얼마만큼 해야 하는지를 알도록 해준다. 원가를 낮추는 활동이 결국 혁신의 두 번째로 중요한 목표가 된다.

기업 중심의 물건 부족 시기에는 '판가=원가+이익'이란 수

식이 성립되었다. 당연히 기업은 적정 이익이라는 수준을 결정하고 고객에게 요구를 하면 되었다. 경쟁이 없으므로 잘 팔리는 것이 당연했다.

그러나 고객 중심이 되는 시기에는 물건이 남아돌고 경쟁이 치열해져서 판가만 고집해서는 안 팔린다. 당연히 팔리는 가격으로 내리다보면 이익을 내는 것이 쉽지 않다. 그러나 기업은 이익을 내지 않으면 생존이 불가능하다. 이러한 상황에서 어떻게 대응할 것인가 하는 행동 방향을 도요타는 명확히 정했다.

판가는 시장에서 정해지므로 마음대로 손을 못 쓰니 기업에서 가능한 한 원가를 철저히 낮추는 것이다. 우선 이익을 내는 것이 중요하므로 얼마의 원가로 해야 하는지 알 수 있도록 '이익=판가−원가'라는 공식을 만들었다.

이것은 도전해야 하는 원가의 수준을 정의하는 공식이다. 여기서 신속하게 낭비를 줄이는 방법론과 실천력이 곧 도요타 방식의 핵심이라고 볼 수 있다. 그러기에 이때의 원가는 생존원가로 불린다.

낭비에는 크게 나누어 일곱 가지 종류가 있다. 이것을 정의하고 개선팀을 조직하여 이를 빠르게 줄여나가는 활동을 통해 이익을 확보하는 것이다.

7대 낭비를 도요타에서는 '과잉생산의 낭비, 운반의 낭비,

대기의 낭비, 동작의 낭비, 불량수리의 낭비, 가공 그 자체의 낭비, 재공 재고의 낭비'로 규정짓고 있다.

넷째, 즉실천으로의 변화이다.

혁신 마인드는 아는 것보다는 즉실천의 행동력을 요구한다. 고객 중심, 현장 중심, 이익 중심은 모두 강한 실천적 행동의 목표가 되는 방향을 말한다. 이러한 실천적 행동력의 원천은 높은 모랄에서 얻을 수 있다. 그래서 모랄 훈련이 중요하고 필요한 것이다. 모랄이 훈련을 통해 강해진다는 것은 많은 기업의 사례로 이미 증명되었다. 모랄 훈련은 보이는 행동 훈련에 의거해서 보이지 않는 의식을 바꿀 수 있다는 것에서 출발하고 있다.

낭비 제거의 성과를 자신 있게 발표

고객 중심의 사고력, 현장 중심의 자세, 낭비를 제거하는 실천력, 모든 것이 구호가 아닌 실천(Doing)을 요구한다. 도요타 방식이 불황에서도 힘을 발휘한 이유는 여기에 있다.

혁신은 생각을 바꾸어 행동을 바꾸는 것이 아니다. 먼저 실행해보면서 생각을 바꾸는 것이다. 이를 명심하고 즉실천의 사상, 즉 해보고 생각하는 것을 체질화해야 한다. 해보면 성과가 나는 성공 체험을 하게 되고, 이때 처음으로 생각만 해서는 아무것도 이루지 못한다는 실행의 중요성을 알게 될 것이다.

경영 자원을 보통 4M으로 표현하는데, 사람(Man), 설비 (Machine), 재료(Material), 방법(Method) 등이 그것이다.

혁신의 주대상을 알고 실천하기 위해서는 이 네 가지에 대해 하나씩 정의를 내리고, 사람과 설비, 재료에 대한 낭비를 줄여 나가는 방법을 찾아야 한다.

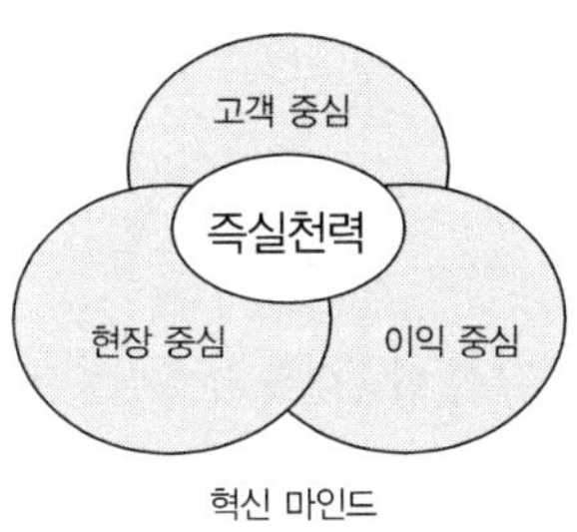

혁신 마인드

혁신을 위한 준비 자세 훈련

첫째, 고정비가 된 인건비를 변동비로 전환시키는 노력이 필요하다.

제품을 만드는 것은 사람이다. 사람을 제대로 양성하는 것을 도요타 방식에서는 아주 중요한 축으로 여긴다.

고도 성장기의 상징이자 대량생산의 도구인 컨베이어 벨트가 제거되고 다품종 한량생산, 단납기, JIT식 생산방식으로 변화되고 있다. 이른바 생산 시스템도 시대에 따라 변화하고 있는 것이다.

1인 포장마차나 My Shop을 운영하기 위해서는 다능화(多能化)가 필수적인 요건으로 등장하며 이를 통해 소인화(少人化, 생산량의 변동에 따라 투입 인원수를 함께 변동시키는 것)가 가능해진다.

112

현장은 생인화(省人化, 자동화나 개선을 통해 사람을 줄이는 활동), 활인화(活人化, 생인화된 것으로 끝이 나서는 아무런 효과가 없다. 빠져나온 사람을 새로운 역할을 하는 자리에 배치하여 부가가치가 나오게 되면 활인화가 된 것임) 개념이 도입되어 인력의 효율적 운영이 가능해질 때 강해진다.

이것은 처음부터 신중하게 사람을 뽑게 해준다. 따라서 불필요한 인력 낭비가 생기지 않게 되는데, 이 부분은 사전에 예방하는 관점으로 이해해야 할 것이다.

현장과 사무실에서 가장 기본적인 인재양성 개념으로 여러 가지 일을 알게 하는 다능화는 매우 중요하다.

경쟁력의 핵심을 사람을 활용하는 방법에서 찾을 때 한국 제조업이 살아남는다. 중국인이나 배트남인 누가 만들어도 똑같은 품질이 나온다면 일자리는 노동력이 싼 곳으로 이동하게 될 것이 뻔하다. 게다가 일이 없어도 마냥 대기를 시키면서 급여를 주어야 한다면 한국은 중국과 같이 급여가 싸지 않기 때문에 이미 버틸 수 없는 상황이 되었다.

다능화가 가능해지면 생산량에 따라 인력을 탄력적으로 운영할 수 있고 남는 인원은 타공정 투입이 가능하므로 여러 가지를 동시에 작업할 수 있다. 다능화는 그래서 중요하며 이를 반드시 추진해야 한다.

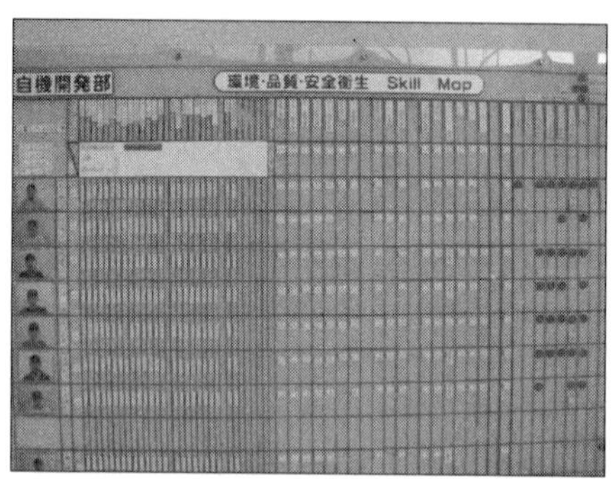

사람별 다능화 추진 MAP

둘째, 설비 내제화를 통해 고정 경비를 줄여야 한다.

설비의 가동률과 고장 제로를 목표로 하는 TPM 활동도 중요하게 추진되어야 하지만, 설비에 대해 설계능력과 제작능력을 갖고 직접 만들어 쓸 수 있다는 것은 기업의 경쟁력에 큰 의미를 가져다준다. 우선 투자비가 대폭 줄어들고 또한, 고객들의 요구사항에 빠르게 대응할 수 있어 경쟁력 강화에도 도움이 된다. 물론 도요타도 처음 설비 내제화를 추진할 때 비용이 전문업체보다 두 배나 더 드는 아픈 경험을 했다. 그러나 지금은 20% 이내로 제작 가능한 수준이 되어 원가 경쟁력에 좋은 영향을 주고 있다. 대부분의 경쟁력 있는 일본 회사들은 자체적으로 사용하는 설비에 대해 내제화를 추진하고 있으며 이를 통해 고정비를 줄여서 불황의 시기에 원가 경쟁력을 갖추고 있다.

114

셋째, 자재(재료)는 재고가 쌓이지 않도록 해야 한다.

JIT 방식은 후공정에서 당기는 간판에 의해 필요 이상 재고가 늘어나지 않도록 자동 조절되기 때문에 정해진 수량 이상으로 재고는 늘어나지 않는다. 이 방식으로 시스템을 구축하고 활용하면 필요한 만큼만 조달이 가능하므로 구매발주 업무가 필요 없게 되고 관리의 낭비도 대폭 줄어든다.

넷째, 방법은 앞의 세 가지를 효율적으로 운용할 수 있어야 한다.

운용 방법은 사람과 설비, 자재를 효율적으로 관리하는 것이므로 무엇보다 중요하며, 도요타식 방식은 이 부분에 역점을 두고 있음을 알게 해준다. 철저한 낭비 제거 방법을 통해 사람, 설비, 자재를 유효하게 운영하여 이익을 극대화하는 것이다.

진정 좋은 일류기업은 불황일 때 강한 기업을 의미한다. 따라서 기업은 호황일 때 불황의 시기를 준비해야 한다. 투자 방법의 효율화 혹은 감가상각비를 줄이기 위한 여러 활동들이 '혁신'이라는 두 글자 아래 적극적으로 추진되어야 한다.

혁신은 결국 성과로 열매를 맺게 하는 것이 중요하다.

4M 관점에서 주요 시스템을 바꾸고 효율적인 방법을 찾았다면 다음에 할 개선은 바로 '물건 만들기'와 '일을 하는 방식'이다. 이것을 어떻게 개선하여 효율을 내느냐가 중요한 관건이 되는데 모랄 훈련은 여기서 큰 힘을 발휘한다. 그리고 이때는 임하는 마음가짐의 기준을 만드는 것도 필요하다. 도요타는 '개선에 임하는 10대 마음가짐'을 설정하여 지침으로 삼고 있다. 그리고 도요타 방식의 창시자인 오노 다이이치는 '개선혼'을 만들어 정신적 주축으로 삼게 했다.

물건을 만들 때는 '자기 자신의 혼'을 불어넣어야 한다. 이것이 물건을 만드는 정신이다. 그 대표적인 것이 바로 가라쿠리이다. 가라쿠리는 기본적으로 고객이 필요로 하는 기능을 만들되 지혜를 사용하여, 원가의 최저가를 지향하고, 자연을 파괴

하는 에너지 사용을 최소화하는 데 있다.

일본인들은 일을 통해서 자신의 존재 의미를 세상에 남길 수 있다고 생각한다. 바로 하늘의 명이라는 '天命' 의식을 가지고 자기 분야에서 일인자가 되겠다는 자세로 임하는 사람이 참으로 많다는 사실에 놀랐다.

1. 작업자에 대한 배려를 중요하게 생각하라.

2. 자사의 독자적이고 독창적인 연구를 가미하라.

3. 곤란에 처하지 않으면 지혜는 나오지 않는다.

4. 돈을 쓰지 마라. 지혜를 내라. 지혜가 없으면 땀을 흘려라.

5. 변명하지 말라, 걱정을 미리 하지 말라.

6. 완벽을 추구해서는 시작을 하지 못한다. 즉실천하라. 60점이라도 좋다.

7. 할 수 없다는 변명보다는 할 수 있는 방법을 생각하라.

8. 돈이 안 되는 낭비적인 움직임을 돈이 되는 일로 바꾸자.

9. 시간은 동작의 그림자이다. 낭비적인 동작 뒤에는 시간의 낭비가 뒤따른다.

10. 개선은 무한하다. 지금의 방법이 제일 나쁘다고 생각하라.

상기 10대 마음가짐은 개선을 실시하는 데 매우 중요한 개선 마인드이므로, 기본 원칙으로 인식해야 한다. 그리하여 현장에서 개선을 실시하고 평가할 때 항상 먼저 읽어보고 사고를 교정하는 가치 기준으로 삼아야 할 것이다.

혁신은 변화를 생각하게 하지만 개념은 다르다. 혁신과 변화의 차이를 이해하고 행동하자. 이는 속도와 속력의 차이와 유사하다. 방향성과 거리 기준을 가진 속력의 개념이 속도이다. 마찬가지로 변화와 혁신의 경우도 같은 양상을 나타낸다.

혁신은 변화에 목표와 방향성을 첨가한 개념이다. 앞에서 언급했듯 혁신은 고객 중심, 현장 중심, 이익 중심 그리고 아는 것보다는 실제적인 행동을 요구하는 변화 방향이 명확하다. 바로 이것이 변화와 혁신의 차이점이다.

다음은 변화와 혁신이라는 주제로 토론한 사례를 첨부한 것이다.

출처 : 한경 비즈니스(2004. 6. 13.)

변화(Change)와 혁신(Innovation)은 무엇이 다른가. 혹시 같은 것으로 파악하고 있지 않은가. 다르다면 어떻게 다른가. 상당히 많은 사람들이 이 두 개념의 차이에 대해 별 생각을 하지 않는 것 같다. 그래서 변화관리를 곧 혁신으로 생각하는 사람들이 많다. 무슨 말인고 하니 '어떻게 회사 전체의 변화를 이룰 것이냐'를 혁신의 과제로 여기는 사람들이 대부분이라는 얘기다.

그러나 변화와 혁신은 전혀 다르다. 변화가 '무엇인가를 새롭게 바꾸는 활동 전반'을 뜻한다면 혁신은 여기에 플러스알파가 있다. 바로 가치(Value)다. '새로운 가치나 그런 가치를 창출하는 방법'을 찾는 것이 경영에서 얘기되는 혁신이다.

가치는 누가 결정하는가? 제조업자나 판매업자가 아니라 그것을 사려는 사람, 즉 고객이요 소비자다. 그러므로 혁신이란 개념은 소비자들이 가치 있다고 생각하는 상품이나 서비스를 찾아내는 '가치 창출 활동'으로 정의할 수 있다.

혁신이 가치 창출 활동이라는 것을 모르기 때문에, 또는 대충 알긴 하지만 그렇게 개념적으로 받아들이지 않고 그저 변화 정도로만 해석하기 때문에 많은 부작용이 발생한다. 사장은 '혁신만이 살길'이라고 외치지만 종업원들은 '군기잡기'가 시작됐다며 인상을 찌푸리는 풍경이 곳곳에서 나타나고 있다.

혁신이라는 개념이 우리 기업사회에서 잘못 이해되고 있는 데는 여러 가지 이유가 있다. 한자어로서의 혁신의 개념이 너무 강해 경영 개념으로서의 혁신에 부정적 이미지를 더하고 있다.

혁신은 가죽{革}을 새롭게{新} 한다는 뜻을 갖고 있다. 가죽을 완전히 벗겨 새로운 살을 드러낸다고 해석할 수도 있고 기존에 덮여 있는 가죽을 새것으로 바꾼다는 의미도 된다. 어느 쪽이든 '혁신'을 당하는 쪽은 '살갗이 벗겨지는 고통'을 느끼게 되는 것이다.

혁신을 구체제에 대한 개혁으로 오해하는 경향도 있다. 혁신을 하면 기존의 제품이나 프로세스는 모두 버려야 하는 것으로 사람들은 느낀다. 기존에 해오던 방식을 버리고 새로 일을 해야 하는 만큼 귀찮아지고 비용도 더 드는 일로 여겨 혁신을 부정적으로 보게 되는 것이다.

또다른 중요한 요인으로는 그동안 혁신이 고용조정 수단으로 악용된 측면이 많다는 점을 들 수 있다. 혁신을 명분으로 대량해고를 포함한 구조조정을 유행처럼 단행했던 것이 불과 수년 전이다. 혁신 하면 그래서 직장인들은 임금삭감 등 허리띠 졸라매기를 먼저 떠올리는 습관이 생겼다.

문제는 많은 기업들이 이렇게 개념도 제대로 통일하지 못한 상태에서 변화와 혁신을 화두로 내걸고 소득 없는 노력을 기울이고 있다는 엄연한 사실이다. '변하지 않으면 죽는다', '먼저 변해야 이긴다' 류의 전투성 구호가 혁신의 상징처럼 여겨지고 있다. 디지털 시대에 이런 구호는 별 의미가 없다. 힘들여 벌이는 경영혁신 활동의 성과도 기대할 수 없다. 왜냐하면 기업이 성장해나갈 수 있는 길은 전의를 다지며 구태를 벗는 것이 아니라 고객이 진정으로 원하는 새로운 가치를 찾아내는 것이기 때문이다. 반복하지만 고객이 원하는 가치를 찾는 활동이 바로 혁신이다. 그러므로 전직원의 마인드를 고객을 먼저 생각하는 것으로 바꾸고, 고객을 놀라게 할 획기적인 상품을 만들 수 있도록 회사 문화를 창의적으로 개선해나가는 것이 혁신 활동의 중심이 돼야 한다.

그러니 회사의 진정한 성장을 바란다면 혁신이란 개념부터 명확히 하라. 그것이 힘들면 혁신이라는 오해 많은 용어 대신 한동안 이노베이션이란 단어를 그대로 쓰는 것도 나쁘지 않을 것 같다. 무조건 변해야 한다는 강박관념을 떨쳐버릴 수 있고 혁신운동을 새로운 성장엔진으로 전직원이 인식하게 되는 긍정적 효과를 기대할 수 있기 때문이다.

개선혼의 3요소와 실행

▶ 알려면 철저히 알자. '5 Why'로 진짜 원인을 추구하자.

▶ 알려면 즉실천으로 개선하여 결과를 얻어내고 'Speed 있는 즉실천 문화'를 만들자.

▶ 한번 개선하였으면 다시 원위치되지 않도록 'System'을 만들어라.

아무리 훌륭한 생각을 하고 아무리 강한 발언을 하더라도 그것이 행동으로 이어지지 않는 한 그 가치는 전혀 인정될 수 없다. 행동이 성과를 낳는다. 성과를 올리면 모든 것이 해결된다. 개선에서 내일이란 있을 수 없다. 오직 지금뿐이다.

09

TPS를 도입하는 일본 기업들의 모습

현지에서 체험한 기업들은?

▶ 일본은 지금 TPS를 사회 전반적으로 적용하여 또다른 성장을 꿈꾸고 있다.

▶ 시청의 공무원, 금융기관의 변화, 우정성의 성과, 1등 CANON의 도약과 혁신 성공은 도요타의 실천철학을 도입하면서 시작되었다.

TPS를 도입하는 일본 기업들

이미 일본에서는 TPS가 자동차만의 것이 아니고, 공무원사회, 건설, 전자회사, 지방자치단체 등 사회 전반적으로 효율과 가치를 올리는 낭비 제거의 사상으로 정립되어 확산되고 있다.

이 장에서는 일본 기업들의 눈물겨운 혁신 노력의 현장을 알아보고 장점을 잘 파악한 뒤 우리 현실에 맞게 벤치마킹이 가능하도록 현장에서 체험하면서 조사한 내용을 제시한다.

NEC TOKIN의 혁신 활동

NEC 자회사인 NEC TOKIN은 1970년 6월 18일 개업하였으며 자본금은 4억 엔이다.

센다이와 도쿄 두 곳에 본사가 있으며 2004년 매출액은 58억 엔에 달하는 중견 기업이다. 주요 생산 제품은 리드스위치, 콘덴서, 쇼크센서 3종이 있는데 한국, 중국의 부품산업이 성장하면서 심각한 위기를 맞았다. 경영이 적자를 기록하기 시작한 것이다.

이때 현재의 와타나베 사장은 도요타 방식을 도입하여 불황을 탈출하기로 결심하고 많은 고민 끝에, 자동차 이외의 업종에 도요타 방식을 적용하여 성과를 내는 것으로 유명한 야마다 선생을 찾아갔다. 그러나 시작부터 간단하지는 않았다.

2002년 3월까지 몇 차례 '그 정도의 마음자세로는 안 된다'

는 말만 듣고 돌아서야만 했다. 몇 번이나 거부당하면서 그는 혁신의 마음가짐을 가다듬게 된다. '역시 혁신을 추진하는 데는 간단히 해볼까 하는 정도의 마음으로는 안 되겠구나. 진정으로 몰입하지 않으면 오히려 사원 모두에게도 상처만 주고 역시 우리는 안 된다라는 실망감을 안겨주겠어'라는 생각을 하는 계기가 되었다.

각오가 단단해졌을 때 드디어 PEC의 야마다 선생은 '진검으로 해봅시다'라는 말로 지도받을 기회를 주었다. 첫 번째 방문에서 현장에 들어서자마자 야마다 선생의 불호령이 떨어진다. 가장 먼저 출하장으로 향하고 있었다.

'고객을 위해 물건을 만들고 있다는 것을 명확히 알고 있는가'라는 질문에 사장은 어안이 벙벙했다. '당연합니다'라고 대답하고 싶었지만 이미 야마다 선생의 손은 창고의 재고를 가리키고 있었다.

"이 물건은 언제 출하합니까?"

제품에는 분명 제조일자가 적혀 있지만 출하일자가 없었던 것이다. 지금껏 생산일자 중심으로 관리를 하고 있었던 터였다.

"출하일시를 모르며 생산하는 것은 낭비입니다. 고객을 위해 만들고 있지 않음을 보여주는 것이지요. 여기에 쌓여 있는 모든 재고는 그렇게 대충 언젠가 출하되겠지 하는 안이한 생각을 가지고 만든 낭비 덩어리입니다."

"저희 생산계획을 수립하는 사람은 현장의 가동을 중요하게 생각합니다. 그리고 이 모든 것은 일자가 확실하게 정해져 있지는 않지만 곧 출하될 예정입니다."

"뭐라고? 예정이라고 했습니까?"

"예, 그렇습니다."

"그럼 3개월이 넘게 지난 이 제품은 어떻게 된 거지요?"

"예, 그것은…… 저기……."

와타나베 사장은 현장에서 현물을 보면서 당하는 지적이라 현행범이 된 듯한 느낌을 받았다. 이때, 야마다 선생이 정리해 줬다.

"출하 속도에 맞춰 생산하지 않으면 조직에 긴장감이 사라지고 결국 경쟁력이 없는 현장을 만들게 됩니다."

"아! 예."

"진정으로 곤란한 상황을 맞이하면 사람은 지혜가 나오는 겁니다. 이때 처음으로 현장에서 빠르게 진짜 개선이 일어나고 경쟁력을 갖게 되는 것입니다. 재고가 없는데 출하일자가 정해진 상황이 되면 모두가 단결을 하게 합니다. 기업은 이러한 상황일 때 긴장감이 생기지요. 이렇게 재고를 가지고 긴장감 없는 생산을 하면 중국을 이길 수가 없습니다."

와타나베 사장은 어떻게 하면 현장에서 진정한 효과로 연결이 되는 개선이 일어나는지 깨닫게 되었고 왜 경쟁력이 계속 떨어지고 있었는지를 알게 되었다.

와타나베 사장은 개선이 2년 가까이 진행된 지금도 낭비는 여전히 많지만 도요타 생산방식 적용 이전까지 현장은 그야말로 낭비의 산이었다고 회고한다.

이후, 매달 지도를 받으면서 혁신 활동으로 변화된 내용을 보면 'Miny Company', 즉 My Shop 제도를 통해 개개인별 목표 및 부가가치 관리를 실시하고 있다. 매일매일 즉개선을 활성화시켰다. 그리고 월 2회 반성회를 통해 다음달의 계획을 철저하게 점검한다.

현재는 현장을 22개의 Shop으로 나누어 운영하고 있는데 서로가 경쟁심이 생겨 자체 개선 활동이 활성화되고 있다. 그런데 방치하면 다시 원위치될까봐, 지속시키는 방안으로 반기별로 세 개의 우수한 Shop에 대해서는 사장이 직접 현장 확인과 시상을 실시하고 있다.

지금은 혁신 영역을 업무개혁과 설비개혁(설비 내제화, 가라쿠리)을 중점적으로 하고 있다. 사내에서 자체적인 설비 내제화를 통해 대당 설비가격을 획기적으로 줄여 감가상각비의 부담이 없어졌다.

너무 고마운 것은 내제화를 추진한 이후 그동안 버려지던 유휴 설비를 매우 잘 활용하고 있다는 점이다. 이것은 덤으로 얻은 보너스였다. 설비 내제화는 다양한 제품을 동시에 생산 가능하도록 하는 데 도움이 되고 있고 고객의 요구에 신속히 대응하는 데 결정적인 역할을 하고 있다. 또한 자체적으로 만든 설비인 관계로 설비 보전의 용이성이라는 장점도 있다.

설비 내제화 활동을 하면서 불필요한 기능의 배제는 설비의 가격을 10분의 1 수준까지 줄이는 성과로 연결되었다. 콘덴서 조립공정에서 종전에 500만 엔이던 조립장치를 50만 엔이 안 되는 저렴한 가라쿠리 장치로 대체했다. 또한 필요 없이 덩치가 커지는 이유가 설비 메이커의 작전이라는 것을 알게 되었고 큰 설비가 더 비싸다는 인식을 하고 있었음도 깨달았다. 그들이 직접 설비를 만들게 되면서 꼭 필요한 기능만을 넣어 설비 크기도 많이 줄였다.

결과적으로 활 Space화를 통해 제2공장 폐지와 제조 리드타임 60% 감소(3일), 재공 60% 감소 등 성과를 얻어냈다.

이제는 개선에 자신감이 넘쳐나고 있으며 전사적으로 매월 40회 이상의 낭비 제거 '즉실천 활동'을 실시하고 있다. 여유가 생긴 인원을 활용하여 외주로 나가던 업무를 사내로 전환하는 부가가치 향상 활동도 본격적으로 전개되고 있다. 개선을 통해 얻은 여유인원을 사용하여 생산하는 것은 사실 공짜 인건비이므로 외주와 생산 원가 비교를 하지는 않는다. 당연히 안정된 이후에는 개선을 통해 외주보다 원가가 적게 드는 구조를 만드는 노력이 필요하다.

이제는 와타나베 사장부터 전 사원에 이르기까지 1등의 원가력을 달성하기 위해 철저한 모랄 훈련을 반복실시하고 있다.

모두가 도전 목표를 이해하고, 하고자 하는 정신이 생긴 것은 NEC TOKIN의 생산 혁신 성공에서 빼놓을 수 없는 하나의 특징이다. 그리고 미래에 생존이 가능하다는 확신을 가지고 일하게 되었다. 혁신 활동을 시작한 지 3년이 지나면서 미흡하기는 하지만 이익을 확보했고, 중국으로 이전하려던 계획을 취소하면서, 일본에서 생산해도 경쟁력을 확보할 수 있다는 자신감이 생긴 것이 커다란 수확이다.

NEC TOKIN 현장을 둘러보는 사람들에게 점장과 점원들의 자신감 넘치는 설명과 최고에 도전하고자 하는 모랄은 감동을 안겨주었다. 그들이 하루를 맞이하며 '오늘도 나는 반드시 목표를 달성할 것이다'를 함께 외치며 일과를 시작하는 모습에 견학 중이던 사람들의 분위기가 매우 숙연해졌다.

장기 불황에 허덕이고, 앞이 보이지 않던 이 전기 부품 회사도 도요타 방식의 도입으로 돌파구를 찾았다. 도요타 생산방식에서 배우는 즉실천의 개선 활동, 고객 중심의 현장 만들기, 현장을 중시하는 3현주의, 그리고 지속적인 낭비 제거 활동을 통해 일본에서도 생존이 가능한 이익을 실현하게 된 것이다. 이들은 성공 체험을 통해 얻은 높은 모랄로 지금도 현장의 낭비를 어떻게 더 줄일 것인지를 고민하고 있었다.

카노쇼주앙 제과(주)

본 회사는 1958년, 자본금 7,950만 엔으로 창업하였다. 2003년 기준 매출액이 53억6천만 엔에 달하는 중견 기업으로, 차실 운영과 과자류를 생산, 전국적으로 50개 점포와 일반음식점 등에 공급하고 있다.

공장의 대지면적은 6만3천 평(농업과 공업 병행)에 달하는데 공장에 들어서면 마치 일본의 전통마을에 온 듯한 기분이 들 정도로 시골스럽고 자연 친화적인 환경을 갖춘 기업이다. 특히 현장에서 직접 생산한 물건을 원료로 엄선하여 사용하는 농공 일체의 경영 추구와 5각 중시(시각, 미각, 향, 촉각, 먹은 후 나오는 느낌)의 관리를 하고 있다. 식품인 관계로 도요타 생산방식에서 추구하는, 필요한 때 필요한 물건을 필요한 만큼 만들어 공급하는 체계를 갖추는 것은 신선도 유지 측면에서 필수적이었다. 즉, 경영에 어려움을 겪으면서 가장 먼저 떠오른 것이 도요타 방식의 도입이었다.

이 회사에서 개선 활동을 실시한 성과는 80여 명의 활인화(사내 타부문에 활용)가 대표적이다. 외부에 주어야 하던 6억 엔의 물량을 개선을 통해 생긴 인원을 활용하여 내부로 전환시켜나간 것은 주목할 만하다. 이 회사는 이제 견학을 위해 연간 7만3천 명이 방문하고 있는 성공 사례 기업이다.

생산 혁신 활동은 2002년 7월 PEC의 야마다 선생으로부터 도요타 생산방식을 지도받으면서 시작되었다. 이전에는 고객으로부터 주문받은 것을 본사에서 집계하여 각 공정에 지시해 왔는데 현재는 고객의 주문이 공장의 출하공정으로 직접 들어가도록 했다. 그리고 철저하게 출하에 맞춘 생산으로, 출하를 위해 포장을 하고 포장 공정의 진척에 맞추기 위해 전 공정인 가공공정의 생산이 일어난다. 가공공정의 작업을 위해 필요한 만큼만 원재료를 공급해주는 방법을 택했다. 결국 후공정에서 당기는 방법으로 공정이 진행되어 전체적인 생산 리드타임을 1/2까지 감소시키는 성과를 거두었다. 이제는 현장은 후공정이 고객이라는 것을 명확히 이해하고 일하고 있다.

기존에는 사내에서 CAPA가 부족하여 만들지 못했던 부분은 외주를 주었으나 낭비 제거 활동으로 얻은 여유면적과 45

명의 인원을 활인화하여 사내로 전부 끌어들여 생산하고 있다. 그리고 '1인 포장마차 방식'을 통해 포장공정에서는 작업 동선을 줄여 불필요한 핸들링을 감소시키는 개선으로 작업 효율을 높였다. 개선 포인트로는 기존의 대량생산의 상징인 컨베이어 벨트 방식을 철거한 후 다품종을 소화할 수 있는 시스템인 Cell 방식을 적용하고 있다.

필수적으로 시행해야 하는 작업자의 다능공화 및 고객 중심의 후공정 인수 방식 적용(간판 방식)으로 2002년에는 1인당 생산성이 매월 100만 엔이 오르는 큰 성과를 거두었다. 이어서 2003년에도 98명의 활인화 성과를 거두었고 가라쿠리 설비도 내제화에 성공하면서 일곱 명이 하던 일을 한 명이 하는, 생산성 7배 증가의 경이적인 성과도 얻었다.

주요 활인화를 통해 얻은 성과는 자연감소(20%)로 충원이 필요 없게 되었고 상품개발, 기술개발(10%), 신상품 제작(18%), 외주, 내제화(20%), 신사업 30%(우동집) 등으로 인력을 이동시켜 경쟁력 강화에 도움이 되고 있었다.

환경 변화에 대한 조직의 대응력 및 조직력 강화 측면에서 잉여 인력에 대해 철저하게 활용하는 방법을 제시하고 있는 점은 좋은 시사점이다.

도요타 자동차 츠츠미(堤) 공장

이곳은 승용차 전문공장으로 1970년 공장이 설립되어 2005년 초 현재 6,500명의 종업원이 일하고 있다. 도요타 자동차는 일본 국내에 15개의 공장, 아이치 현 내 도요타 시 부근에 10개의 공장이 있다. 공장은 각각 15~30분 정도 떨어진 거리에 있으며 공장 간의 거리가 가깝기 때문에 부품 공급을 원활하게 하고 재고를 적게 운영하는 데 절대적인 도움이 되고 있다

그리고 부품 공급업체의 80% 이상이 도요타 시와 아이치 현 내에 있어 적기 공급이 가능하므로 JIT방식에 의한 생산이 가능하게 설정되어 있다.

주요 생산 품목인 아홉 개 모델(PRIUS, SCION, CAMRY 외 6종)은 월 4만 대 생산 중에 있으며, 기존의 도요타 브랜드 이미지를 개선하기 위한 고급화 방안으로 LEXUS를 개발하였다.

이것은 고가이지만 중년층을 중심으로 수요가 많다. 젊은 층을 타깃으로 한 SCION은 다양한 옵션에 대응해야 하기 때문에 철저히 다품종 소량생산 방식을 취하고 있다.

조립공장 내부는 현재 2교대(06:25~15:15, 16:00~24:00)로 가동하고 있으며, 근무형태는 두 시간 작업 후 10분 휴식, 10분 휴식 후에는 팀 내 JOB Rotation을 실시하고 있다. Rotation의 목적은 다능공화 및 전 공정의 Miss를 발견하고, 반복작업으로 발생하는 휴먼 에러를 방지하기 위함이다. 또한 철저한 작업자 배려 측면에서 기분전환이 가능하도록 주기적으로 작업위치를 변경해주는 것이다. 신입사원 입사 시 일주일 간 안전, 생산방식 등의 교육(입문교육)을 실시하고 바로 1개월 간 공장에서 작업 모의 훈련을 실시한다.

훈련 후에는 각 Line에 배치되어 OJT로 일대일 선배 지도를 받는데, 기간은 1년 간으로 현장에서 직접 작업지도를 받도록 한다. 이후에는 전문 기능습득 프로그램에 의거 연차별로 다기능을 습득하도록 하고 있다.

현장의 작업자는 기능 숙련도에 따라 S, A, B, C급 4단계로 Grade 평가를 한다. 여기서 S등급은 가장 높은 등급으로 조립 라인 1,300명 중에서 2~3명 정도가 있다. S급의 인원은 작업의 기능보다는 자동차의 원리를 이해하는 기술에 맞추어져 있고 전 라인에 쓰이는 설비의 보전기능, 모든 공정의 작업을 할 수 있고 가르칠 수 있으며 근본적인 문제 해결을 위한 해석이 가능한 수준이다.

등급이 가장 낮은 C급도 1~3년 사이 경력이지만 현장의 작업을 수행하는 데 전 공정의 30% 이상을 이미 습득한 수준이라고 하니, 도요타의 인재 육성이 얼마나 뛰어난지를 짐작할 수 있다. 물론 작업 비중이 80% 수준을 점유하지만 50%의 설비는 이미 보전할 수 있는 능력을 갖고 있다.

인재 육성에서 도요타가 가장 중시하는 것은 스스로 사고하는 것이다. 지시의 형태를 취하지 않고 보는 방법, 기본, 실천의 덕목을 가르치되 도전 목표를 수립하고 실행하는 것은 스스로의 몫으로 하고 성과에 의해 평가받는다.

현장의 제안이 활성화되는 것은 '도전의 목표를 실행하는 과정에서 문제의식을 가지고 지혜를 내어 이를 해결하는 단계에서 제안'하기 때문이다. 따라서 경영자와 관리자는 최대한 '눈으로 보이는 현장'을 만드는 데 노력을 쏟는다. 문제가 보일 때 '개선하려고 하는 의욕이 넘치는 현장 사원'에게 바로 제안과 개선으로 연결되기 때문이다.

현장은 항상 문제가 발생하는 곳이라고 정의한다. 중요한 것은 문제를 얼마나 신속하게 해결하느냐이다. 문제는 바로 비용을 발생시키며 원가를 올리는 요인이 되므로 현장의 문제해결 능력은 돈 버는 실마리가 된다. 현장의 리더가 빠른 문제해결 능력을 갖는다는 것은 리더가 열정이 있어야 하고 의욕이 넘치는 모랄이 있을 때 가능하다고 도요타는 믿고 있다.

츠츠미 공장의 현장조립 라인은 경사지에 위치한 관계로 두 개 층으로 이루어져 있다. 아홉 가지 차종이 하나의 라인에서 혼류로 생산이 이루어지는데 라인별 같은 차종이 연속으로 흐르는 것을 볼 수 없다. 바로 고객이 주문한 순서대로 생산하고 있으며 혼류흐름이 라인밸런스 효율을 올리는 데 필요하기 때문이다.

조립 라인은 작업자에 의한 라인 Stop System이 잘 되어 있어서 작업자가 안심하고 완벽한 품질로의 작업이 가능하다. 물론 작업자가 끝낸 내용을 별도로 다시 검사할 필요가 없다. 작업자는 문제가 있거나 작업이 늦어지면 줄 스위치를 당긴다. 즉시 안돈에 불이 들어오며 차임벨이 울린다. 라인마다 다른 소리음을 가지고 있어서 릴리프맨이 즉시 알아차리고 문제를 알려준 공정으로 신속하게 달려가게 된다. 안돈에 불이 들어온 시간은 겨우 5초에 불과했다. 이것이 도요타 현장에서 작업자가 안심하고 작업하는 Key가 된다. 바로 문제를 드러내주면 즉시 달려와 해결해주는 반장이 있다는 믿음이다. 아마 줄 스위치를 눌렀는데 아무런 반응이 없거나 늦은 대응을 한다면 줄은 당겨지지 않을 것이다.

이것이 도요타 시스템이다. 서로 알아야 하는 규칙(표준)이 명확하고 서로 규칙을 지킬 수 있도록 알려주는 도구(안돈, 줄스위치) 등을 만들고 즉시 반응을 하는 관리자, 리더가 있기에 현장이 박진감 있게 움직이는 것이다. 조금이라도 미흡하면 작업자 스스로 라인을 세워놓고 마무리한 후 흘리게 된다. 그러나 라인의 정지시간이 길면 안 되므로 책임자가 달려와 도와주는 것이다.

이렇게 작업자가 작업 속에서 완벽을 추구하도록 되어 있어서 불량률은 이미 식스시그마(Six Sigma) 수준을 넘어 2ppm 수준에 도달하게 되었다. 도요타의 현장 불량이 몇 개월에 한 대 정도로 생산이 안정된 것은 우리의 벤치마킹 대상으로 충분한 가치가 있다.

이곳에서는 작업장 동작의 낭비 개선이 다시 일어나고 있었다. 기존에는 조립라인 옆 선반 위에 부품들을 병렬로 놓아둔 채 필요한 부품이 있으면 작업자가 가져와야 하는 낭비가 있었다. 이것을 조립 순서에 맞춘 서열 공급으로 KIT화하여 작업자의 이동을 줄인 것은 큰 성과로 이어지고 있다.

도요타는 제안으로도 유명한 기업인데, 2003년 총 53만 건이 실적으로 나왔다. 그 중 99%가 채택되었고 채택된 Idea는 5백 엔에서 최고 20만 엔 정도의 상금을 지급하면서 활성화를 도모하고 있다. 도요타 현장은 살아 있다는 말 그대로 언제나 변하고 있었다.

변화를 통해 생존하는 방법을 제시하고 있는 기업이다.

카시와 목공(주)

카시와 목공은 종업원수가 본사에 135명, 지사(하루카와에 위치)에 116명, 총 251명이 일하는 목공전문 중소기업이다. 자본금은 5,000만 엔이며 2005년 목표 매출액은 60억 엔 정도이다. 테이블(50개/일), 의자(130개/일), 소파(15개/일), 서랍장(15개/일) 등이 주요제품이다.

회사는 1947년 창업하여 1956년에 확대하였다. 윈저의자 미국 수출을 시작으로 1980년대에는 테이블에 관한 많은 특허를 보유하게 된다. 1988년에는 전 도요타 자동차 부사장 오노 다이이치를 초청하여 자문도 받았다. 또한 2000년에는 당시 도요타 부사장 이미루 데츠타씨를 초청하여 가구 생산 기업의 혁신 방향을 설정하고 이를 바탕으로 2003년에는 하루카와 신공장도 건설하였다.

1992년부터 야마다 선생의 중점 지도를 받고 있는데 주요 성과는 출하공정에서 적재방법 개선을 통한 활(活)Space 확보, 포장공정에서 포장밴드 색깔을 구분하여 계절별로 생산시기를 알 수 있게 한 것 등이다.

포장밴드 색깔을 구분함으로써 생산시기별로 눈으로 보는 관리가 가능해졌다. 현장에는 봄-녹색, 여름-빨강, 가을-노랑, 겨울-흰색으로 표시하여 색상을 보면 장기재고인지의 여부를 즉시 알 수 있어서 관리가 용이하게 되었다. 장기재고 감소에 따른 Space 확보는 외주처리하던 부품의 사내화를 가능케 하였고, 이를 통해 원가절감과 제조 리드타임 단축이라는 큰 성과로 연결되었다. 지도를 받기 이전에 60%이던 사내화율을 이제는 80%로 끌어올려 이익개선 효과가 분명해졌다. 적자로 가던 그래프를 다시 상승 곡선으로 만든 계기가 된 것이다.

또한 생산관리판(시간대별로 매수관리)의 시각적 효과를 이용, 작업상태(빨강)와 작업완료(녹색), 초과달성(노랑) 등의 구분으로 생산현황과 문제를 한눈에 쉽게 볼 수 있도록 하였다.

조립공정은 생산방식의 변화를 통해 기존 단순공을 이용한 분업화로 많은 공간을 점유하는 문제와 생산 리드타임 증가현상을 후공정 인수에 의한 주문생산으로 전환하였다. 이는 제조의 L/T 75% 감소 및 다양한 제품 생산을 가능하게 하였다.

(1) 완성품 공정의 변화

고객의 주문에 따라 생산대응이 가능하도록 게시판을 이용한 전체 생산 목표 공유 및 진도율 Check를 하게 하였다.

의자 조립 공정의 색깔을 이용한 생산관리를 통해 기존 리드타임을 3~4일에서 네 시간으로 대폭 줄였다. 또한 포장과 조립 공정이 멀리 떨어져 있었으나 이를 근접하도록 Layout을 바꾸어 다능화가 가능하게 됨은 물론 서로 협력이 가능하도록 하였다. 그리고 의자 생산의 경우 기존에는 한번에 100~200개 정도의 단위로 생산했으나 간판방식을 사용 Lot단위를 30개로 줄여 재고를 1/3로 줄였다.

(2) 가공공정

완전 수주 생산이 가능하도록 하여 한 벌씩 만들고 있으며 연마가 완료되면 엘리베이터를 통해 2층으로 운반하고 포장공정의 상자 한 면은 가운데 부분을 비워두어 원가절감의 효과를 창출하고 있다. 또한 공정을 붙여서 재공품을 없애 리드타임 감소에 지대한 공헌을 했다.

(3) JIG 개발

최신 장비 구입보다 적은 비용이 투입되는 각 제품별 JIG 개발을 활발히 전개하였고 JIG 점장 제도를 도입하여 관리를 유도하고, 생산성을 높이는 JIG의 지속적 개발로 신제품 대응 능력을 확장시켜나가고 있다.

특히 철저한 고객만족 경영실천으로 33년된 고장난 의자를 무료로 수리해주는 서비스 정신이야말로 고객에게 믿음을 주고 카시와 목공이 생존을 계속할 수 있는 버팀목이 되고 있다.

카시와 목공은 어려운 환경을 이겨내고자 도전하는 강력한 모랄 업 활동을 통해 목공산업도 사양산업이 아니며 지속적 변화로 일류브랜드 기업을 만들 수 있음을 보여주는 사례기업이라 하겠다.

이 회사는 도요타 자동차의 생산부문에 오래 근무한 경력을 가진 우메무라 사장이 1978년에 설립하였다.

자본금 1천만 엔의 작은 기업으로 2005년 목표 매출액은 18억 엔 수준이다. 종업원은 총 55명이지만 정사원은 20명이고 파트타이머 24명, 외국인 11명으로 구성되어 있다. 사무실 인원은 사장과 여직원 두 명이 전부다.

도요타 자동차의 2차 벤더로 700여 종의 자동차용 프레스 부품을 생산하고 있으며 부가적으로 용접과 조립공정 그리고 금형수리가 가능한 설비를 가지고 있다. 미후네테크의 특징은 도요타와 거래를 하고 있으므로 처음부터 도요타 생산방식을 바탕으로 공장 시스템을 구현했다는 데 있다.

역시 도요타와 거래를 하면서 낭비 제거에 빨리 눈을 뜨고 실천하는 습관을 갖게 되었고 700종이 넘는 다품종 제품들을 출하속도에 맞추어 소량으로도 생산할 수 있는 능력을 가지게 되었다. 현장에는 품질 검사를 하는 사람이 별도로 없다. 작업자가 실행한다.

불량품 발생 시 즉시 라인을 정지시키며 다른 공정에서 작업하고 있던 리더가 즉시 문제의 공정으로 달려간다. 외국인이나 파트타이머가 많은 관계로 품질 기준을 확인하거나 문제를 해결해주는 도우미 역할은 매우 중요하다.

만든 후에 검사를 할 수 없으므로 만드는 단계에서 품질을 지키는 것이 필요하다. 열악한 인적 조건이지만 '품질은 생산 공정에서 만들어간다'는 것을 제대로 실현하고 있는 기업이다.

이처럼 신속한 Action을 지원하기 위해 정규직 사원 전원이 휴대 무전기를 착용하고 항상 실시간으로 상호 대화를 통해 정보 교류가 가능하게 하였다. 이러한 '정보 일원화'는 별도의 회의소집 횟수를 줄여 업무 효율성을 크게 증대시키는 성과로 나타났다.

또한 위험하고 더러운 이른바 3D 현장은 최대한 자동화를 추진하여 원가 경쟁력을 갖춘 현장으로 만들었으니, 역시 도요타 협력기업의 대단함을 느끼게 한다.

우메무라 사장은 도요타에서 몸에 밴 그대로를 먼저 솔선수

범하고 있다. 고객 납기 달성을 위하여 매일 아침 여섯 시부터 여덟 시까지 Press라인에 나타나 직접 작업을 하고 있으며, 몸소 개선을 주도하고 있었다. 2001년부터 도요타의 CCC21 활동에 따라 3년간 30% Cost Down을 무난히 달성했으며 이때 미후네테크는 '최우수 원가력 기업상 대상'을 수상했다.

이후 2004년도 4월부터는 다시 도요타의 글로벌 경쟁력 강화 차원에서 전개되고 있는 20% Cost Down의 좀더 상향된 목표로 움직이고 있다. 인력 소인화를 위해 유연한 인력구조(파트타이머 24명, 외국인 근로자 11명)를 구축해나가고 있는 모습은 인상적이었으며 사무실 업무는 사장과 한 명의 여직원이 전부 처리하고 있다. 나머지 직원들은 모두 작업 현장에서 근무하면서 현장 중심의 3현주의를 철저하게 실현하고 있다. 탁상공론적인 지식의 이해 및 분석보다는 현장에서의 행동 위주의 실천을 중시하고 있다. 새로운 변화 도전 과정에서는, 실패하더라도 경험을 통해서 개인과 회사가 성장할 수 있다는 '行'에 강한 동기부여와 무게중심을 두고 경영해나가고 있는 것이다.

현장 입구에는 회사 전체적인 Layout에 변화점 관리 맵을 작성하여 공유하고 있다. 이른바 신제품과 신입사원 또는 인원 변동이 있을 때 전 사원이 사전에 알고 작업이 가능하도록 하여 문제에 신속하게 대응한다. 또한 개인 스킬 평가표를 통해 사원의 능력을 확인하고 상호 계발하는 동기를 부여한다. 매주 토요일은 현장에서 주 1회 교육을 실시하여 직원 Skill-up에 힘쓰며 상호 확인을 하는 과정에서 도전 의지를 부여해주고 있었다.

현장에는 작업표준서는 물론이고 불량치, 공구 사용요령이나 기준서가 쉽고 명확하게 작성되어 있어 누구나 동일하게 인식할 수 있도록 하여 불량 발생요인을 사전에 제거하는 데 도움이 되고 있다.

별도로 생산 지시를 하는 사람이 없이 700종의 부품을 오차 없이 생산하려면 간판을 철저하게 활용해야 한다. 즉, 모기업의 주문서인 간판이 자동으로 작업을 지시하여 재고증가 통제와 품절 방지 역할을 하며 원가 절감으로도 효과가 나타난다.

미후네테크 현장은 잠시도 개선을 멈출 수가 없다. 도요타의 계속적인 도전 목표 제시와 시장의 변화로 생산 단위가 점점 작아지고 있기 때문이다. 매일매일 원가 절감 노력은 습관화되었으며 철저한 낭비 배제를 실천해나가는 것이 생존 방법이라는 신념을 가지고 있었다.

다품종 소량생산을 위한 기종변경 Line을 별도로 준비하여 이곳에서는 신속히 준비교체를 하는 기능을 향상시키는 노력을 계속하고 있다. 90%가 넘는 대부분의 부품은 고객의 주문에 의거하여 출하에 맞춘 생산으로 하면서 거의 무재고로 대응

된다.

도요타 계열기업의 특징이기는 하지만, 관리자는 현상 유지가 아닌 미래를 대비하는 도전과 부가가치의 개선 업무를 중점적으로 실행하도록 하고 있다. 지금의 미후네테크는 설비 관리 책임자를 Engineer가 아닌 작업자 자신이 가능하도록 만들었고 최고의 원가 경쟁력 확보를 위해 단 하나의 불량이라도 철저히 없애는 노력으로 도요타 자동차의 신뢰를 얻고 있는 기업이다.

■ 질의 응답

- 공장 내에 불량을 관리하는 그래프가 있는데 어떤 식으로 관리하는가?

TOYOTA는 PPM과 같은 통계적인 관리는 하지 않는다. 우리도 이 방식을 택하고 있다. 이제는 한 개의 불량을 없애기 위한 관리를 한다. 이번 달 불량 개수는 한 개이고 전월에는 5~6개가 있었다. 그러나 대량 불량(LOT단위)은 없다. 이것은 작업자가 공정진행을 하면서 작업과 동시에 체크하기 때문이다. 그래프는 도요타에서 문제가 발생했을 때 그 원인을 확인하기 위한 수단이다.

- 공정 내에서 발생하는 검사 Step에 대한 확인은?

기본적으로 도요타의 원칙이지만 작업은 모두 자기 공정 완결형이다. 이것은 후공정인 고객에게 피해와 영향을 주지 말자는 사고가 들어 있다.

작업자 모두가 이것을 체득하는 데 큰 힘을 기울이고 있다.

- 도요타의 2차 Vendor에서 불량이 나오면 어떻게 하는가?

불량은 거의 나오지 않지만, 만일 나온다면 패널티가 있다. 그것이 무서운 것이다. 한 번이라도 도요타를 세우는 문제를 일으키면 아마 우리는 문을 닫아야 할지도 모른다. 따라서 언제나 진검승부의 마음으로 작업을 한다.

일본 제어기술 수준을 보여주는 나팔 부는 로봇

1560년 설립한 역사 445년의 기업이라고 하면 상상이 안 되겠지만 나베야는 그런 역사가 있는 중소기업이다. 일본의 '오다 노부나가'가 지배하던 막부시대에 당시로는 첨단 기술이던 주물집을 운영한 것이 시초다.

긴 역사의 세부 내용은 알 수 없지만 도요토미에게 무쇠솥을 납품한 실적 기록이 있기에 기업의 역사는 깊어졌다. 현재 자본금 161만 엔, 매출 65억 엔의, 주물과 가공을 전문으로 하는 기업이다. 종업원 240명이 동력 전달 장치인 Pulley(로프를 걸어 회전시키는 바퀴)와 반도체나 LCD에 쓰이는 커플링(Couplings) 등 3만 종이 넘는 기계용 부품을 생산하고 일부는 구입하여 세계에 공급하고 있다. 작은 기업이지만 인공위성에 쓰이는 부품을 공급한다는 자부심을 가진 기업이기도 하다.

기업 방문 시 그 기업의 이미지는 더욱 인상에 남을 만하다. 대지는 5만5천 평이고 주변은 숲으로 둘러싸인 쾌적한 자연환경 속에 공장이 위치하여 일명 '공장 공원'이라는 명칭을 가지고 있다. 제조공장으로서의 기능성과 공원의 쾌적성을 융합한 Garden Factory를 추구하는 기업이다.

공장은 오카모토 사장의 이념이 흠뻑 밴 창조적 공간이며 생산공장, 배송센터, 사무동, Hall동, 수영장 등 전부가 '숲으로 우거진 자연 속에 존재하며 주위 환경과 융화된 공장'을 Concept로 설정한 21세기형 기업이라고 할 수 있다. 1993년 사무동 건물을 지을 때 사장이 '풍부한 환경은 좋은 제품을 낳는다'라는 슬로건을 내걸었다고 한다.

결과적으로 건물 건축 비용을 많이 들이지는 않았지만 자연친화적인 사무실 공간으로 인정받으면서 쾌적하고 기능적인 Office임을 인정하는 <日經 New Office 대상, 통산부장관상>을 수상하기도 했다. 또한, '물건 만들기'는 사람의 감성이 매우 중요하다는 이념을 바탕으로 삼고 있으며, '물건 만들기'를 환경에서 생각하는 기업이 바로 NBK다.

이 기업의 특징은 오노 다이이치의 수제자이자 도요타 생산방식 권위자 야마다 선생의 지도를 받아 자사 제품에 맞는 후공정 인수, 후보충 생산과 1개 흘림생산, U-라인을 통한 다공정 담당으로 생산성을 높이고 있다는 점이다.

물류는 Just In Time을 실천하고 있고 종업원 스스로 목표를 설정하고 스스로 실행하는 1인 완결형 생산을 택하고 있다. 이제는 업계 시장점유율 No.1, 이익율 No.1을 이루어 불황을 모르는 초우량기업이 되었다.

NBK는 납기를 중요한 경쟁 요소로 취급하고 있다. 당일 주문품의 75% 이상을 당일 즉시 출고시키고 있으며, 단 한 개의 제품 주문에도 대응하는 고객 서비스를 실시하고 있다. 특히 유연성을 회사의 경쟁력 요소로 차별화하며 이 세상의 Only One 기업을 추구하고 있다. 그리고 자사에서 사용하는 모든 장비/기계는 자사에서 육성된 직원이 자사에서 직접 만드는 '설비 내재화' 방침으로 원가 경쟁력을 획기적으로 높여 불황에서도 많은 이윤을 올리고 있다.

즉, NBK는 기존 일본 기업과 다른 이미지로 다가가고, Garden Factory를 구현하기 위해 독창성과 파격적인 사고의 전환을 실천하는 기업이다.

나베야는 도요타에서 주창하는 설비 제작의 내재화 및 차별화된 기술 경쟁력이 곧 기업 경쟁력의 원천으로 작용한다는 사실을 몸소 실천하며 기술력에 대한 최고의 자부심을 가지고 있다. 현장 작업에는 자율성을 부여하고 스스로 도전하는 업무 수행으로 직원의 사기가 매우 높으며, 기존 산업과 병행하여 IT 산업용 부품을 생산하여 과거와 미래를 조화롭게 접목시킨 새로운 패러다임에 도전하고 있다.

공장의 기능 외에도 많은 특징을 가지고 있는 기업인데 사무실에 들어가보면 친환경주의 경영 실천의 일환으로 자연채광을 이용하여 실내 조명이 되는 건축 구조이며 잘 조성된 공장 주변의 조경, 곳곳에 게시된 미술품, 조형물 등이 딱딱한 공장의 이미지를 전혀 느끼지 못할 정도다.

현장은 My Shop 제도를 만들어 직원들의 능력 개발에 집중 투자하고, 탁월한 사원복지제도를 위하여 많은 할애를 하고 있었다. 각종 편의시설, 자유로운 근무 형태, 자기 개발 기회의 부여, 기업 Brand의 철저하고 계획적인 PR을 위해 다양한 색상의 자사 모자와 티셔츠를 착용하고 있다. 또한 친환경주의의 기업 이미지 부각으로 중소기업이지만 신입사원 선호도 상위의 기업 위상을 구축해나가고 있다.

그리고 직원들의 다기능화를 지원하기 위하여 모든 직원들이 Job Rotation을 하게 하여 인재 계발에도 노력을 기울이고 있다. 덕분에 직원들은 다양한 업무를 경험하여 자기가 해오던 담당 업무만을 고집하지 않고 상황에 따라 Neck 업무가 발생하면 전 직원이 자발적으로 참여하여 서로 도움을 주면서

Neck 공정을 해소해나가고 있다.

— 옷(상의)이 여러 가지가 있던데 무슨 의미가 있나요?

사원들이 회사 내에서 착용하는 옷은 여러 가지인데 본인들 스스로 자유롭게 선택할 수 있다. 그들의 취향을 존중하는 것뿐이다. 옷 색깔은 여덟 종류이다.

— My Star 제도는 무엇이며, 관련 인증은 누가 주는가?

My Star 제도는 개인의 능력을 향상시키기 위한 일환으로 매년 5월에 전사적으로 공모하고, 1인 1건 이상 자기 개발을 위해 취득을 권고하고 있다. 교육 방법은 통신교육으로, 8천~3만 엔 정도의 비용을 회사에서 전액 지원하며, 단, 3년차 이상은 강제 수강하도록 한다. 통신교육을 통해 80점을 얻지 못하면 교육기관에서 시험 볼 자격을 주지 않는다. 그렇게 되면 비용의 50%는 당사자가 부담하게 되어 있다. 모든 교육은 외부 전문 교육기관을 통해 자격이 부여된다.

— 일(업무)과 연관된 자격증은 없는가?

업무와 관련된 자격증은 근무시간에 전문기관에 보내서 따도록 한다. 사내 검정은 없다.

— TPS를 적용하고 있는가?

TPS를 제대로 실행하고 있는 수준은 아니다. 그러나 PEC을 통해 6개월의 TPS 트레이너 양성 과정을 12명이 수료했다. 최근에도 지속적으로 아이디어를 확대하기 위해 연수에 참여시키고 있다. 현장의 생산 과정에 간판방식을 그대로 쓰지는 않지만 같은 개념으로 응용하여 '주문에 의거해 필요한 물건을 필요한 때 필요한 양만큼만 생산'하고 있으니 어느 정도는 TPS를 실행하고 있다고 생각한다. 또한, 간판 대신 바코드를 부착, 위치 관리와 재고 관리를 컴퓨터로 하고 있다.

– 설비 Maintenance는 누가 하는가?

설비를 제작한 사람들이 직접한다. NBK의 장점은 자체 제작한 설비가 대부분이므로 자체적으로 수리도 가능하고 개량도 자유자재로 할 수 있는 능력을 가지고 있다는 것이다. 이것은 기계 고장시간을 줄이고 수리 시간을 줄이는 효과가 있다.

도요타 자동차의 자회사로 출발했지만 그동안의 축적된 기술력을 바탕으로 1949년에는 도요타에서 분리 독립하여 세계를 상대로 영업하고 있다. 1996년부터 <주식회사 Denso>로 사명을 변경한 이후 발전을 거듭하면서 자본금 1천7백억 엔으로 2003년 기준 매출액 2조150억 엔, 종업원수 85,300명의 거대 기업이 되었다. 주요생산품은 자동차 관련 에어컨, 파워트레인 기기, 속도 계기판, 전장용 모터 등이다.

■ Denso의 사명
- 세계와 미래를 통찰하고
- 새로운 가치 창조를 통해
- 인류의 행복에 공헌한다.

■ 경영 방침

– 매력 있는 제품으로 고객만족을 제공한다.

– 변화에 신속 대응하여 세계시장에서 발전한다.

– 자연을 중시하고 사회와 공생한다.

– 개성을 중시하여 활력 있는 기업을 만든다.

■ 사원의 행동

– 크게 발상하고 착실하게 실행한다.

– 서로 협력하고 내일에 도전한다.

– 자신을 연마하고 신뢰로 보답한다.

■ Denso의 매니지먼트 프로세스의 구조

목적	Denso Vision 2005 실현 세계 No.1의 도전 운동		
활동의 기둥	세계 No.1 상품 만들기	세계에서 탁월한 상품 만들기	세계 No.1 system 구축
기반	매니지먼트 기본의 철저 사람과 조직의 활성화		

■ 다카타나 제작소 방문(메타 전문공장)

1974년 설립하였으며 나고야돔의 7.5배에 해당하는 12만 평의 공장이다. 도요타그룹의 공장 대부분이 녹화사업이 잘되어 있는 것이 특징인데 이곳 역시 그러하다.

친환경 측면에서 폐수 정화작업이 완벽하여 1997년에 이미 ISO 14001을 취득하였으며 종업원 2,800명이 자동차용 부품(네비게이션, 메타, 디스플레이) 등을 만들고 있다. 메타 공장 생산량은 약 9백만 대로 세계 최대 점유율이며, 주요 거래선은 다임러크라이슬러, GM, 도요타, 혼다가 있다.

Denso의 공장 특징을 살펴보면, 메타용 사출 부품을 생산하는 곳에서는 50여 대의 로봇을 활용하여 24시간 무인 생산이 가능하도록 효율 높은 생산라인을 구축하고 있다.

또한 수주/발주 컴퓨터 시스템을 활용하여 실수 없이 고객의 Needs에 부응하고 있으며 현장의 기능인들을 위해 '기능 up을 위한 테크노 클럽'을 운영하고 있다.

인재 육성을 위해 공장 내에서 우수한 선배의 자발적인 지도로 운영되는 테크노 클럽은 교육시설이 잘 완비되어 있어서 작업훈련, 품질훈련, 기술교육을 실시하는 곳으로 현장의 능력을 올리는 데 큰 도움을 주고 있는 Denso의 자랑이기도 하다.

이제 Denso는 자동차 부품의 제조기술을 응용하여 신제품

개발과 현장의 제조 경쟁력 강화를 통한 Global No.1 기업을 지향해나가고 있다.

연구개발에 무려 2조 원(이익의 10%)을 투자하여 미래를 대비해나가며, 현장은 다품종 소량생산과 변화에 유연한 생산 체계를 갖추었고 글로벌 품질과 가격 경쟁력을 갖춘 강한 기업으로 성장해나가고 있다.

현장 근무자를 제외한 간접 부문에서는 출근시간에 'Flexible Time' 제를 통한 자율 관리를 실시하고 있으며, 현장에서는 안돈을 통해 설비 이상을 쉽게 알 수 있도록 System을 구축, 개선이 용이하도록 하고 있다. 또한 자동화의 확대를 점진적으로 병행해나가고 있는데 성형 공장의 경우 설비 50여 대를 직원 다섯 명이 Cover할 정도였다. 사람이 하는 일은 금형교환과 생산되어진 부품의 물류가 주였다.

현장 관리도 일일 결산체제를 실시하고 있으며 매일 오후 네 시에는 다음날 생산물량을 확정하여 생산관리가 따로 없으면서도 품절 없는 공장을 만들어나가고 있었다.

■ Denso의 테크노 클럽

현장의 부서장이 현장인의 능력을 향상시키기 위해 자체적으로 만든 훈련장으로 보전기능, 안전환경, 검사기능, 개선스

킬, QC 품질개선의 5개 도장으로 운영되고 있다. 모두가 개개인을 Skill-up시키고 개인마다 연도 업무 목표를 달성하도록 하는 데 도움주고 있다. 그 성과를 인사고과에 반영함으로써, 불만이 최소가 되도록 공정한 평가를 한다.

Denso의 사원 능력에 대한 측정·평가는 연봉 서열 결정이 아닌, 개인 역량을 확인하고, 부족한 점을 보충하여 Level-up 하는 도구로 활용되고 있다. 따라서 스스로 자신의 능력을 올리는 동기가 되고 있다.

■ 질의응답

– 테크노 Shop의 교육 대상은 누구이며 누가 만들었나요?

작업자의 능력을 높이기 위해 자체적으로 만들어졌으며 현장의 생산부장이 만들었다. 특징으로는 즉시 활용 가능한 교육으로 만들어졌다는 것. 현장에서 최고의 기능자를 강사로 선정하고 강사는 자신의 기능을 전수하는 형식으로 교육을 실시하며 일정 수당을 지급받는다.

– 생산 관리자가 없는데 1일 목표는 어떻게 지시하는가?

생산관리는 전산에 의해 자동으로 일일 작업량을 할당한다. 이것은 후공정에서 필요로 하는 물건을 필요로 하는 양만큼만 필요한 때에 맞춘 생산을 한다는 원칙에 따라 진행되는데, 이것은 후공정에서 간판이 돌아오기 때문에 그대로 간판의 양만큼만 만들면 되는 것이다. 생산 시기는 간판에 이미 정해져 있다. 간판의 전체 조정은 팔린 물건의 정보에 따라 전산에서 자동으로 이루어진다.

– 작업자가 일일이 검사를 하고 있던데, 이것은 TPS 사상과 맞지 않는 것 아닌가?

도요타의 특징은 생산하는 작업자가 직접 검사를 실시하는 것. 작업을 한다는 것은 곧 양품을 만드는 것과 일맥상통한다. 불량을 후공정으로 보내서는 안 되며, 다음 공정은 고객이다.

작업자는 작업 표준에 의거하여 확인해야 하는 항목에 대해 양품인지를 전수검사하도록 Rule이 규정되어 있다. 즉, 검사 공정이 따로 있어 검사원을 두는 것이 아니고, 작업자 스스로 자기 공정에 대해서는 책임지고 품질을 보증하는 체계를 가지고 있는 것이다. 물론 작업자가 직접 주기적으로 품질을 검사대에서 확인하는 것은 불량품인지를 확인하는 것이 아니라 지금까지 만든 것이 양품임을 최종적으로 확인하는 것이다.

설계	생산 준비	자재 구입	제조	품질 보증

고객 만족의 향상 활동

1. 후공정의 요구 내용은 무엇인가?
2. 고객의 만족도 평가 수준은 어떠한가?
3. 고객의 요구를 만족시키기 위해 무엇을 해야 하나?
4. 나의 일은 다음 공정에 만족을 주는가?

언제나 구체적 인식 필요

후지필름은 한국 기업이 이제부터 빠르게 따라가야 할, 환경을 중시하는 사례의 기업이다. 환경 중시 경영으로 고객과 함께 이익을 증가시키는 기업이다.

■ 회사개요

후지필름은 1974년, 영화용 필름을 국산화하고자 설립하였다. 성장을 거듭하면서 영화용 필름에서 자기제품을 응용한 일회용 카메라, 사진용 필름, 사진에 쓰이는 인화지 및 감열지, 엑스레이용 필름에 이르는 다양한 제품을 생산하고 있다.

필름의 종류가 1만 종을 넘는 다양화 시대를 맞이하여 생산방식에도 많은 변화가 있었다. 특히 환경을 고려한 리싸이클 문제는 생산을 뛰어넘는 과제가 되고 있다. 종업원수는 4,500명으로 아시가라 본사공장을 비롯하여 오다와라공장, 후지노

미야공장, 요시다미야공장 등 4개소가 있다.

물론 해외로도 진출하여 네덜란드, 브라질, 독일, 중국, 미국, 중국 등지에서도 현지에서 부품을 조달하면서 현지에 맞는 생산방식을 구성, 생산하고 있다.

현재의 아시가라 공장은 아시가라 시에 위치하고 있는데 부지는 10만 평이고 별도로 회사보유 산림 7만 평이 주위를 둘러싸고 있다. 가까운 곳에 기숙사와 사택으로 활용하고 있는 대지 5만 평을 합하면 총 22만 평을 보유하고 있는 셈이다.

이 공장의 생산방식은 '우쯔룬데스', 즉 일회용 카메라 순환 생산방식(3R)을 특징으로 하고 있다. 기본적으로 공장에서 쓰는 전력은 자가발전하여 이용하는 것을 목표로 한다. 매년 깨끗한 물과 공기를 위한 활동을 지원하고 생산에 사용하는 물은 후지산과 하코네의 깨끗한 지하수를 사용하고 있다.

필름의 생명은 물과 공기에 있다. 따라서 사용한 물을 되돌려보내는 폐수처리는 철저하게 하고 있는데 이것을 검증하기 위해 곧바로 하천으로 방류하지 않고 잉어가 있는 연못을 통과하여 하천으로 방류하고 있다.

■ 우쯔룬데스 카메라 생산 공장

순환 생산방식(역 생산방식)에서는 최고 수준의 공장이다. 지금까지 제품생산이라는 것을 사이클로 볼 때 생산을 하고 소비하고 나면 버린다라는 개념이었으나 최근 일본에서는 리사이클에 대한 문제가 강하게 대두되고 있다. 고객들도 환경에 대한 배려를 하는 쪽으로 소비가 움직이고 있고, 또한 생산자 측에서도 원료가 환경에 어떤 영향을 미치는지를 생각하며 생산에 임하지 않으면 고객의 외면으로 생존이 어려워질 것임을 잘 알고 있다.

우쯔룬데스라는 일회용 카메라 상품은 사용 후 전량 회수되고 있는데, 회수된 카메라는 전부 분해해서 검사 과정을 통하여 이상이 없는 부분은 사용하고 이상이 있는 부분은 수리해서 완제품으로 시장에 다시 출시되는 경로를 순환한다.

"우쯔룬데스 제품들은 소비자가 사용하고 나면 필름을 현상하고 난 뒤에는 몸체 부분을 다시 공장으로 들여와 재생 공정을 거치게 됩니다."

공장 안내 담당과장의 설명이다.

위와 같은 Cycle로 생산자와 소비자가 계속 순환하기 때문에 순환 생산방식이라고 명명한 것이었다. 돌아온 카메라를 보고 사용내용과 빈도를 분석하여 Data를 잡으며 이것을 신제품 개발 시 활용하고 있다. Recycle(새로운 모습으로 바꾸는 것)이라고 하지만 여기서는 원래의 모습 그대로 완전 복원하여 재사용하는 수준의 기술력을 보유하고 있다.

Recycle이 경제성에서 성공하려면 기계에 의한 자동선별과 생산을 위하여 설계에서부터 철저히 준비하는 것이 필요하다. 초기에는 품질에 영향이 있었지만 지금은 전혀 이상이 없도록 하면서도 3R의 구현이 잘 이루어지고 결과적으로 자원의 낭비 제거 및 자연보호사상을 실천하게 되었다.

3R의 내용을 살펴보자.

(1) Reduce, 즉 자원을 적게 사용하는 것이다. 원재료 사용량을 줄이려는 노력이 중요한데 10년 전보다 1/2로 사용량이 감소했다.

(2) Reuse, 사용이 끝난 물건을 검사 후 재사용하는 것으로 주요 대상은 렌즈, 전지부위, 프레임과 본체이다. 내장되는 부위이므로 불량이 없다는 것을 전제로 하며 파손된 부분은 수리 공정을 거친다.

(3) Recycle, 소비자가 만지는 부분을 잘게 부순 후 원재료를 재사용하는 것이다(9개 부품에 한함).

이것을 가능하게 하려면 사전에 철저한 준비가 필요하다. 우선 생산 공정에서 다양한 모델을 처리할 수 있는 장치를 만들어야 하고 Unit단위별로 만들어 자동화가 용이하도록 설계해야 한다. 또한 많은 모델의 부품 공용화는 중요한 사항이다.

그리고 나사와 같은 금속류는 최소화하는 노력이 필요하고 조립이나 분해가 한 방향의 움직임으로 끝나도록 모든 제품의 구조를 만드는 것이 필요하다.

현재 후지필름 제품은 설비가 위에서 아래로 내려와 한번에 작업 및 수리가 가능하게 되어 있다. 또한 사용이 끝난 후에 회수율을 높이기 위한 방안으로 경쟁사의 제품도 함께 회수한다는 원칙을 가지고 있다. 이것은 소비자의 편리성을 중시한 것으로 이 부분은 동종 업체와 연계하여 자사 제품과 상호 교환하는 방식을 취하고 있다.

일회용 카메라는 특성상 현상소에 직접 가서 맡기도록 해서 가정을 일일이 방문하지 않고도 회수가 가능한 장점이 있다. 전 지역에서 회수율 60%가 넘기 때문에 회수된 부품의 재사용은 아주 중요한 일이 되고 있다. 출하된 제품이 폐기되어 돌아오는 기간은 빠르면 수주에서 평균 3~6개월 소요된다.

회수된 부품은 계속해서 재생할 수 있는 것은 아니다. 통상적으로 리사이클은 10회까지 가능한데 현재까지의 리사이클은 5회로 기록되고 있다. 모든 것은 리사이클 횟수가 기록 관리되며 5회 사용 이후는 정밀 검사를 거쳐 사용하도록 하고 있다.

자원을 재활용하는 노력과 미래를 생각한 연구개발의 힘이 결국 환경 친화적 공장으로 만드는 데 큰 원동력이 되었다.

이러한 올바른 가치관은 사원들에게도 자부심으로 나타나고 있다.

현장에서는 친근한 기업의 환경을 고려한 경영의 이미지 부각을 위하여 폐수 정화 시설에 잉어를 넣어 양식하며 방문객들에게 견학시켜주면서 후지필름이 얼마나 친환경적 기업인지 각인시키는 데 역점을 두고 있다.

환경을 먼저 생각하는 마음이 없으면 살아남을 수 없음을 보여주고 있는 기업이 바로 후지필름이다. 지구보호사상이 가미된 순환 생산방식과 자원의 낭비 최소화 시스템을 보면서 앞으로의 시대는 환경보호사상이 기업경영을 지배하는 시대가 될 것임을 깊이 인지해야 한다.

후지필름의 Recycle 사업은 오히려 자신의 기업경영에도 큰 장점이 되고 있었다. 고객의 Needs를 Data Base화하여 신속 정확하게 변화에 대처해나가는 데 큰 도움이 되고 있기 때문이다. 또한 회수 후 카메라 상태에 따라 소비자의 사용 방법, 사용 실태 등의 종합적인 정보를 Data화하여 고객의 Needs를 만족시키는 새로운 Model의 제품을 창출해내는 계기로 활용하고 있었다.

기본적으로 순환 System의 체계적인 구축을 위하여 일괄 수

거방식, 대리점 수거방식을 통하여 소비자들이 다 사용한 카메라를 반납하기 편리하도록 하기 위해 구조적인 유통 System도 구축했다. 후지필름의 우쯔룬데스 일회용 카메라는 사진관에서가 아니면 필름 자체를 분리해서 현상할 수 없게 만들었다. 당연히 회수가 되는 시스템을 만든 것이다.

기업이 바르게 이익을 창출할 때 사원들의 자부심과 자신감이 증가한다. 동시에 바른 기업이미지를 만들어갈 때 혁신의 강한 추진력을 얻을 수 있다.

후지필름은, 21세기 자연보호를 중시하는 시대에 기업이 사회적인 책임을 자각해야 함을 일깨워주고 구체적으로 실천하는 방법을 제시하고 있다.

10

우리는 지금
어디로 가는가?

지금 가는 방향은?

▶ 현대는 세계 경제 전쟁 시대이다. Global No.1이 아니면 기업 존속은 어렵다.

▶ 현장 경영과 끊임없는 인재 육성, 그리고 우리 회사에 맞는 혁신을 창출하는 Morale 형성으로 1위를 고수해야 한다.

외국 스포츠 기자들이 올림픽에서 우리나라 선수들에게 자주 던지는 질문이 '왜 한국선수들은 은메달, 동메달을 따고도 슬픔의 눈물을 흘리는가?'이다. 분명 스포츠에서는 금메달을 따지 못했다 해도 그동안의 노력과 세계 2등, 3등을 했다는 것만으로도 찬사를 받을 만한 일이지만 우리나라에서는 금메달과 은·동메달 간의 대우에 현격한 차이가 있기 때문에 이런 일이 벌어지는 듯하다. 이번에는 2등, 3등을 했다지만 다음에 다시 도전하면 1등을 할 수도 있는 것인데…….

이러한 것이 기업 간의 경쟁에서도 적용될까?

올림픽보다 더 치열한 승부의 세계가 기업 간의 경제 전쟁이다. 이제 땅을 빼앗는 전쟁은 하지 않는다. 그러나 시장을 빼앗는 전쟁은 운동선수가 게임을 하듯 세계적으로 벌어지고 있다.

경제에서 벌어지는 경쟁은 가히 무서운 전쟁이라고 해도 과언이 아니다. 다가오는 세계는 무력에 의한 전쟁보다 경제 전쟁이 더 무서운 재앙이 될 수도 있다. 왜냐하면 그 나라의 운명은 바로 경제에 달려 있기 때문이다. 세계 모든 나라가 자국의 경제 이익과 발전을 국정의 최우선 과제로 삼는 것도 이러한 이유 때문이다.

하지만 경제라는 것은 사람들의 뜻대로 진행되는 것이 아니고 수많은 변수들에 의해 변동이 생겨 예측하지 못하는 상황이 자주 발생한다. 한순간의 판단 실수로 2등, 3등을 할 수도 있는 것이다. 그리고, 다시 1등에 도전한다.

그러나 이제는 한번 2등, 3등으로 내려앉으면 영원히 1등으로 복귀할 수 없다. 세계 경제가 어려워질수록 결국 생존하게 될 수 있는 것은 1등이고, 2등, 3등은 퇴출될 수밖에 없다. 현재 거의 세계 모든 기업들이 시장 점유율을 올리려고 부단히 노력하고 있는 이유가 여기에 있다.

벤츠와 크라이슬러의 합병, GM의 대우자동차 인수 등은 시장에서 살아남기 위한 대표적인 전략들이다.

여러 회사들 중에 현재 업계 1위 자리를 확고히 하고 있더라도, 90년대 1, 2등을 다투던 많은 기업들(NEC, TOSHIBA, TI, LG반도체 등등)이 지금은 이름이 없어지거나 1등과 현격한 차

이로 더이상 1등과 경쟁상대가 되지 못한다. 그 기업들도 결국 1등을 하지 못했기 때문에 불황기에 큰 어려움을 겪고 경쟁레이스에서 도태되고 만 것이다.

1위를 달리던 기업도 변화를 소홀히 생각하다가 망하는 경우를 우리 기업 역사에서도 쉽게 찾아볼 수 있다. 최근까지 국내 1위를 달리던 현대그룹에서 많은 계열 기업들이 분리되었고, 대우그룹은 이름과 국적이 바뀌고 말았다. 60, 70년대를 주름잡던 국내 10대 기업 중 70% 이상이 사라졌다. 따라서 지금 1위를 하고 있는 기업이 10년, 20년 후에도 1위 자리를 고수할 것이라고는 장담할 수 없다.

이제 한국에서 국내 1위는 의미가 없어지고 있다. Global 경쟁 사회이기 때문에 세계에서 1등을 하지 못하면 언제 망할지 모르는 것이다. 국내 1위 자리도 다른 나라 기업에게 내줄 수 있는 상황으로 변화하고 있다. 결국 초일류 기업으로서 영원히 지속되기 위해서는 하나밖에 없는 세계 무대에서 금메달을 계속 따내야 한다. 이제 은메달, 동메달은 공포감을 느껴야 하는 '기업 존립 위험 경고'임을 명심해야 한다.

앞에서도 언급했지만 한국의 많은 기업이 세계적으로 1위를 지키는 분야가 많이 나오고 있다. 그러나 과연 10년 후에도 계속해서 1위를 지켜낼 수 있을까?

우선 우리 주변 상황을 읽어야 한다.

90년대 장기 침체를 이어오던 일본이 이제 서서히 회복의 조짐을 보이고 있다. 우리에게 밀려 첨단 기술에 거의 투자를 하지 않던 일본 업체들이 협력하여 첨단 기술에 대규모 투자를 하고 다시 1위 자리를 탈환하겠다고 선언하고 있다. 특히 반도체와 LCD는 일본이 자존심을 내걸고 각오를 다지고 있다.

일본 경제의 회복 조짐은 80년대 말부터 중국 등 해외로 이전했던 기업들 대부분이 다시 일본으로 돌아오고 있는 점과 해외로 나가려는 기업이 많이 줄었다는 점에서 파악할 수 있다.

과거 임금 등의 고비용 때문에 해외로 나갔던 기업들이 다시 돌아오고, 일본 국내에 남아 있던 기업 역시 해외로 나가지 않아도 되는 요인은 무엇인가? 다시 말해, 일본 기업들이 임금 등의 고비용에도 불구하고 일본 국내에서 기업 경쟁력을 갖출 수 있게 된 원동력을 어디서 찾은 것일까?

여러 가지 이유가 있지만 가장 큰 이유는 도요타의 성공 모델과 사상에서 비롯된 혁신 활동을 통한 원가 경쟁력 확보에 있다. 지속적인 생산성 향상 활동으로 이제는 일본보다 저임금을 받는 한국이나 중국과 비교해서, 원가 경쟁력에서 결코 뒤지지 않고 기술과 품질 면에서는 앞서고 있다.

한때 세계 정상 자리에 있었던 SONY, SANYO 등의 대표적인 일본 기업들이 앞선 기술을 보유하고 있었지만 보수적 경영으로 국내 생산이 한계에 이르게 되었던 적이 있었다. 그때 망설이며 투자시점을 놓쳐서 90년대 들어 큰 타격을 입었지만, 현재는 일제히 도요타 방식을 도입하여 커다란 성과를 낳았고, 투자에서도 과거의 화려했던 시절로 되돌아가려는 노력이 한참 진행 중이다.

과거의 컨베이어 벨트 방식의 대량생산체제에서 CELL 방식으로 전환하여 다품종 소량생산 및 단납기 달성, 작업자의 근무 의욕 활성화, 재고 · 재공 감축 등의 효과를 보게 된 것이다.

생산성 혁신 활동으로 일본 기업들은 일제히 투자를 늘리며 제 2의 도약을 시작하고 있다.

현재 우리에게 가장 무서운 상대는 중국이다. 우리가 일본보다 싼 임금 등으로 경쟁력을 가질 수 있었듯 이제는 중국이 우리보다 싼 임금으로 제품의 경쟁력을 높이고 있기 때문이다.

중국은 싼 임금과 우수한 노동력으로 과거 우리가 달성했던 경제 발전의 모습을 급속하게 따라오고 있다. 중국은 우리나라보다 인적ㆍ물적 자원이 더 풍부하고 무한 성장 시장이 함께하기 때문에 훨씬 유리한 상황이다. 특히, 화교 자본과 함께 해외에 있는 많은 고급 기술 인력들이 중국으로 다시 들어오면서 이제는 제품의 기술력도 크게 성장하고 있다.

2005년에 접어들면서 주식과 부동산이 다시 기지개를 켜고 있어서 경기 상승의 기대를 높이고 있지만 아직은 나라 전체가 지속적으로 내수 침체의 길을 걷고 있고, 어쩌면 일본과 같은 구조적인 장기 불황으로 갈 수도 있다는 전문가들의 경고도 끊이지 않고 있다.

이것이 고임금화와 3D 업종의 기피로 인한 제조업 공동화 현상이라면 불황의 늪에서 쉽게 빠져나올 수 없는 상황이다. 한국은 중국보다 높은 임금 체계를 갖고 있으면서 2004년부터 주5일제 근무가 적용되어 기업의 임금에 대한 경쟁력은 더욱 악화되고 있고, 사회 전체적으로 웰빙 바람이 불면서 과거 경제 성장기에 보여주었던 우리의 열정적인 노력의 모습은 더이상 볼 수 없게 되었다. 게다가 출산율의 심각한 하락은 향후 10

년 내에 고령화 사회로 접어들게 만드는 것은 물론, 산업을 지탱하는 젊은 인력의 부족으로 연결될 것이다.

하지만 이러한 변화를 거부할 수는 없다. 다른 선진국들이 그랬듯 우리도 한번은 겪어야 할 진통이다. 이것을 극복해야만 진정한 선진국으로 한 단계 Jump-up할 수 있기 때문이다.

그 해답은 선진국들의 역사에서 쉽게 찾을 수 있다. 기업과 근로자가 얼마만큼 협력하여 그 시간을 앞당길 수 있느냐가 중요한 문제다. 어려운 경제 환경 속에서도 정부나 정치인들이 안주하는 모습은 여전히 실망스럽고, 아직도 많은 규제들이 기업의 적기 투자를 방해하고 있다.

현재 한국 직장 사회를 보면 변화되는 근무 여건이 아직 정착되지 않았고, 주5일 근무제에 따른 부작용이 발생할 가능성이 많다. 주5일 근무를 한다고 해서 인원을 무조건 늘릴 수는 없고, 그렇다고 24시간 생산하던 것을 20시간으로 줄일 수도 없는 일이다.

동일한 인원을 가지고, 개개인이 자신의 이익만은 모두 누리겠다고 하면 새로운 혼란이 올 가능성이 있다. 그리고 일의 강도에 따른 개인 간 또는 부서 간 위화감이 조성될 우려도 있다. 이와 같은 문제들을 가장 빠른 시간 내에 해결하고 새로운 근무 환경을 안정화하는 것이 중요하다.

일본의 SONY가 도요타 방식을 받아들이려 할 때 당시 도요타 방식의 컨설팅을 하고 있던 PEC의 야마다 선생은 SONY 사장에게 물었다.

"SONY가 없어지면 누가 곤란합니까?"

한참을 생각하던 소니 사장의 결론은 역시 소니다웠다.

"내가 곤란한데요."

"그런가요? 사장 자신이 곤란할 뿐이라면 SONY가 없어져도 고객은 큰 불편이 없다는 말이군요?"

이때부터 SONY는 진정한 혁신을 시작하게 되었다고 한다.

마찬가지로 우리 회사가 없어지면 누가 가장 불편할까? 고객일까? 고객이 불편해지는 일은 별로 없다. 우리 제품이 없으면 미국 또는 일본의 유명 전자 업체의 제품을 사서 쓰면 된다. 불편하거나 고통받는 사람은 바로 높은 대우를 받으면서 일하는 우리들이 될 것이다.

이제 한국에서도 세계적인 1위 기업이 나타나고 있다.

회사는 분명 자타가 공인하는 세계 1위의 기업이 되었다고 할 때, 그러면 나는 어떠한가, 한번 반성을 해보아야 할 시기가 되었다.

회사는 세계 1위인데 과연 개개인도 세계 1위 경쟁력을 갖추고 있을까? 세계 1위의 경쟁력을 갖추고 있다고 말하는 사람도 간혹 있겠지만, 대부분은 자신 있게 대답하지 못할 것이다. 1위가 아니기 때문이 아니라 나 자신이 어느 정도의 경쟁력을 갖추었는지 잘 모르기 때문이다.

세계 제일의 인재 육성을 통해 세계 1위의 위치에 올라선 일본의 도요타 자동차 직원들의 모습과 비교해보면 나의 경쟁력을 가늠하는 데 도움이 될 것이다.

도요타 자동차의 관리자들의 모습을 보자.

한 부서의 부서장이 갑자기 자리를 비워도 그 부서는 아무 문제 없이 업무가 처리된다. 부서장이 없으면 그 일을 대신할 수 있는 후임자가 항상 대기하고 있기 때문이다. 관리자들은 업무 처리 능력뿐만 아니라, 부하 직원을 육성하는 능력이 중요한 평가 대상이다.

또한 도요타 방식의 현장 관리자는 생산 진도를 맞추기 위한 업무는 하지 않는다. 그들의 주요 업무는 현장 개선이다. 가능한 목표를 달성하기 위한 개선 활동이 아니고 생존하기 위한, 즉 생존원가를 달성하기 위한 목표를 세우고 그 목표를 달성하기 위한 도전적 개선 활동을 하는 것이다.

이 작업에 현재 다섯 명이지만 네 명으로 줄여도 무방할 것 같아 네 명으로 줄이는 것이 아니고, 네 명으로 줄여야만 이익을 실현할 수 있기 때문에 그것이 매우 어려워도 네 명으로 줄이는 도전을 한다. 결국 어렵고 불가능하다고 생각되던 것들이 끊임없는 개선 활동을 통해 달성된다.

우리의 현장 관리자들은 현장 개선 활동을 위해 하루 여덟 시간 근무 중 얼마나 많은 시간을 할애하는가? 혹시 부하가 알아서 할 수 있는 일에 빠져서 미래에 대한 준비가 무너지고 있는 것은 아닌지 한번쯤 반성하는 것도 필요하다.

또한 도요타 현장 작업자들의 일하는 모습을 보면 여덟 시간 근무 중 휴식 시간을 제외한 나머지는 낭비적인 움직임이 거의 없다. 너무 기계같이 일한다고 생각할 수도 있지만 결국 그렇게 하는 것이 잔업이나 추가적인 인력 소요 등을 방지하여 개인이나 회사에 모두 도움이 된다. 현장 작업자뿐만 아니라 사무실에서 일하는 사람들도 여덟 시간의 주어진 시간 내에서는 절대 시간을 낭비하는 일이 없다.

도요타 사람들은 다음날 출근해야 하는 평일에는 술을 마시지 않는다. 아니 마실 수가 없다. 술을 마시고는 다음날 여덟 시간 동안 최대한 효율을 내어 일할 수가 없기 때문이다. 자신이 곤란한 것보다 동료들이 열심히 일하는 데에 자신이 뒤쳐져 방해가 될까 염려되기 때문이다. 일본인의 특징에 '남에게 피해를 주지 않는다'라는 생활신조가 스며 있음이 고스란히 드러나는 부분이다.

경쟁력은 나만의 특별한 기술이나 Know-how 또는 어학, 전산 능력 등도 될 수 있다. 하지만 이런 능력이 아무리 뛰어나다 하더라도 그것을 100% 발휘하여 성과를 얻지 못하면 기업에는 아무런 도움이 되지 못하고 그 사람의 경쟁력은 없는 것이나 다름없다.

지금까지 우리가 처한 상황과 변해야 하는 이유를 생각해보았다. 우리 회사는 현재 잘나가고 있으니까 경제 불황이나 일본, 중국 등의 기업들의 추격에도 문제없다고 생각할 수 있다. 그러나 2등, 3등이라면 위기감을 가질 자격이 없다. 위기감은 1등이 갖는 것이고, 2등, 3등은 공포감을 느끼는 것이다. 따라서, 현재 1등인 기업이라도 언제 추월당할지 모른다는 위기감을 갖고 모든 업무에 임해야 한다.

위기감은 살아 있는 동물에게 반드시 있어야 하는 기능이다. 위기감은 행동을 유발하며, 또한 위기감이 클수록 신속한 대응력을 만들어낸다.

한 제품이 고객에게 선택되는 이유는 여러 가지가 있다. 품질, 납기, 가격 그리고 Service 등이 여기에 해당될 것이다. 이를 흔히 고객만족의 요소라고 하며, 이 가운데 고객 선택의 결정적인 요인으로 작용하는 것이 있다. 이를 Order Winner라고 하는데, 과거에는 주로 품질이 주요 관심 대상이었지만 현재는 품질은 기본적으로 갖추어야 할 요소이고 품질 외에 타회사와 차별될 수 있는 또다른 요소가 있어야 한다. 납기, 서비스, 또는 디자인 등 변화되는 고객의 요구에 부응하는 여러 가지 요소가 그것이다.

이러한 고객만족을 통해 지속적으로 경쟁우위를 유지하기 위해서 이제는 기업의 어느 한 부서의 노력만으로 되는 것은 아니다. 모든 부서가 경쟁사와 비교했을 때 경쟁력 우위를 갖고 있어야 한다. 즉, 고객의 요구를 만족시킬 수 있는 제품의 설계, 제조, 공급서비스 등이 모두 한 방향으로 이루어지고 또한 최고 경쟁력을 갖고 있어야 한다.

일본의 대표적인 자동차 회사 중 하나인 미쯔비시 자동차는 최근 자사 제품의 리콜을 숨긴 문제 때문에 고객으로부터의 신뢰성에 큰 타격을 입었고, 결국 회사가 계속 유지되기 힘들 것이라고 한다. 본 사례는 기업이 어느 한 가지 분야만 소홀히 해도 망할 수 있다는 교훈을 던져주고 있다.

Global 1위의 기업은 신제품 개발만 경쟁사보다 빠른 것으로 1위를 달리는 것도 아니고, 생산성만 높아서도 아니며, 고객 서비스만 잘해서도 아니다. 이 모든 분야에서 1위를 하고 있기 때문이다. 제품 설계나 개발, 고객 서비스, 가격력 등은 경쟁사와의 비교가 쉽지만 생산성이란 부분은 진정 경쟁력 우위를 가지고 있는지 쉽게 판단하기 힘들다. 따라서 지속적인 생산성 혁신이 필요하다는 것은 분명한 사실이다.

■ 우리의 기업을 보다 경쟁력 있게 만들기 위해 리더가 갖추 어야 할 행동 방향은 무엇인가?

첫째, 경쟁력 수준을 높이는 개선 활동 위주의 관리가 필요하다.

리더의 가장 중요한 업무는 주어진 작업이 아니라 개선이라는 점을 명확히 인식해야 한다. 도요타 자동차에서는 개선을 하지 못하는 관리자는 리더로 인정하지 않는다. 관리자가 되었다 하더라도 자신이 만드는 제품이 경쟁력을 갖지 못하면 리더에서 작업자의 위치로 되돌아갈 수도 있다. 그렇기 때문에 지속적인 개선 활동을 하지 않을 수 없다. 이는 작업자뿐만 아니라 엔지니어도 마찬가지다. 개선 활동은 실패해도 그만이라는 생각으로는 진정한 효과가 나타나는 개선이 나오지 않는다. 목표로 한 효과를 얻기 위해 자신의 모든 것을 걸고 개선에 임해야 한다.

도요타 자동차의 개선 활동은 다음과 같다.

생산 현장의 인원을 한 사람 줄여야 한다는 목표가 세워지면 해당 부서의 부서장 또는 중간 관리자가 일정 기간 해당 작업 현장에서 스스로 작업하면서 인원 감축 개선 활동을 한다. 자신의 본래 위치로 되돌아오기 위해서는 빨리 개선을 하고 그 자리에서 자신이 빠져나와도 작업이 될 수 있도록 해야 한다. 만약 개선을 하지 못해 계속 한 사람의 작업자를 빼지 못하면 그 사람은 결국 개선 능력이 부족한 관리자로 낙인찍히고 강등당하는 수모를 겪을 수도 있다. 강력한 개선의 Needs가 있는 것이다.

물론 항상 이런 방법으로 하지는 않지만 우리는 개선 활동에 모든 것을 걸고, 진검으로 임한다고 하는 개선에 대한 그들의 정신을 배워야 한다.

둘째, 인재 육성은 빠른 성장을 받치는 기둥이다.

위에서 말한 도요타 자동차의 관리자들도 갑자기 생겨난 것이 아니고, 끊임없는 교육과 훈련을 통해 만들어진 것이다. 따라서 현장 개선에 도움이 될 수 있는 구체적인 교육 프로그램을 만들어 지속적으로 교육이 되도록 해야 한다. 또 한 번의 교육으로 만족하는 것이 아니고, 꾸준히 이어져야 한다. 일본의 유명한 마쓰시타전기의 창립자 마쓰시타 고노스케는 사장으로 일할 때 업무시간의 대부분을 인재 육성에 썼다고 한다. 경영은 곧 인재 육성이라는 정의를 내리고 사장으로서 최우선으로 인재 육성에 전념한 것이다.

급속도로 성장하는 기업이 어느 정도 위치에 이르렀을 때 어려움을 겪는 것은 기업 규모의 성장 속도보다 인재의 육성이 늦어 골다공증 환자 같은 부작용을 겪게 되기 때문이다. 결국 기업의 성장은 인재 육성에 달렸다는 결론이 나온다. 위에서도 설명했지만 관리자는 부하 직원을 육성하는 것이 가장 중요한 업무임을 인식해야 한다.

셋째, 강한 Morale을 만들어야 한다.

일본 사람들은 Morale을 상당히 중요하게 생각하고 있는데, 그것을 우리가 그대로 받아들이기에는 어려운 점도 있다. 하지만 기본 사상은 동일하다. 높은 목표와 자신감을 갖고 해낼 수 있는, 높은 의욕을 유지할 수 있는 우리만의 Morale 문화를 만들어가야 한다.

이것은 누구 한 사람의 생각으로 만들어지는 것이 아니다. 우리 모두가 함께 고민하며 만들어나가야 한다. 도요타 방식이 이제는 전 세계적으로 하나의 사상으로 자리 매김을 하고 있지만 그것은 도요타 자동차가 자신들에게 가장 적합한 생산방식을 고안해서 만들었기 때문이다. 그리고 그 방식으로 세계 1위의 자동차 생산 기업이 되었기 때문에 많은 기업들이 도요타 방식을 받아들이려고 하고 있는 것이다. 이제는 그동안의 경험과 지식을 바탕으로 모두가 도전하는 목표를 갖도록 우리에게 맞는 모랄 업 방법을 만들어나가야 한다.

넷째, 혼이 들어간 일을 해야 한다.

직장은 인생을 보내는 멋진 장이라는 생각을 갖는 것이 우선이다. 그러면 스스로 열과 성을 갖고 믿을 수 없는 잠재능력, 저력도 발휘할 수 있다. '강한 회사와 좋은 회사'에는 그러한 풍토가 갖추어져 있다. 인생은 한 번뿐이다. 30세, 40세가 되어도 '이 일을 하는 것은 진정 내 모습이 아니야'라고 생각한다면 결국 인생은 한탄으로 끝나고 말 것이다.

내가 지금 하는 일을 통해 자신의 인생을 설계해나가는 것이 필요하다. '이 일에 보람이 있다'고 결의를 다져야 한다. 그러면 열과 성이 나온다. 또한 혼이 들어간다. 혼이 들어간 일에서는 자연히 기쁨도 우러나오며 지혜도 나오기 마련이다.

일에서 얻는 참된 기쁨 가운데 하나는 자기실현일 것이다. 그리고 또하나는 상품을 산 고객에게서 '정말 좋았습니다'라고 진심으로 감사를 받는 것이다. 그러한 기쁨을 느끼는 길은 단하나, '혼이 들어간 일'을 하는 것이다.

현장에서 일하는 사람들은 대부분 현장에 국한하여 생각을 한다. 그러다보면 생각이 좁아지고, 부서 이기주의가 생기고, 개인적으로는 자기 개발의 필요성을 느끼지 못하고 정체되고 만다.

나의 현장에서 다른 현장으로, 다음은 회사 전체로 생각과 시야를 넓혀봄으로써 회사의 목표와 나 자신의 목표가 한 방향이 될 수 있도록 해야 한다. 그렇게 해서 인생의 많은 시간을 투자하고 있는 회사 생활에서 삶의 행복을 느껴야 한다. 보람을 느끼지 못하는 직장 생활은 삶을 살찌우지 못한다.

모든 구성원이 회사의 목표와 일치된 방향으로 나아가려고 할 때 1등의 자리에 다가설 수 있고 1등의 자리는 굳건히 지켜질 것이다. 또한 함께하는 모두가 보람과 행복을 느낄 수 있을 것이다. 이것을 책임지는 경영자와 리더들은 자신뿐만 아니라 함께하는 동료들의 행복을 위해서라도 가치 있는 일터를 만들기 위해 노력해야 한다. 아자! 아자! 아자!